El Pode
La Mente
Con Hábitos

Libro de superación personal en español para adultos

desarrollar inteligencia emocional

Rosa Castillo

GW01452613

Tabla de contenido

Capítulo 3: La Fuerza de la Visualización   51

Capítulo 4: Declaración de Intenciones   67

Capítulo 5: Rompiendo Malos Hábitos   79

Capítulo 6: Cultivando el Pensamiento Positivo 104

Capítulo 7: Impacto del Pensamiento Negativo y Salud 129

Capítulo 8: Estrategias para Liberar el Potencial 134

Me alegra muchísimo que hayas escogido "El Poder De La Mente Con Hábitos" para acompañarte en tu proceso hacia una transformación personal. Este libro está diseñado para mostrarte, paso a paso, cómo incluso los cambios más pequeños en tus hábitos diarios pueden tener un impacto monumental en tu vida.

¿Alguna vez te has preguntado cómo sería tu vida si pudieras dominar tus pensamientos y emociones? ¿Imaginas lo poderoso que sería usar cada pensamiento, cada emoción, para impulsar tus sueños y metas? Aquí, exploraremos cómo tus sentimientos y pensamientos no son solo reacciones pasajeras, sino verdaderos lenguajes de tu cuerpo y cerebro que influyen directamente en tus acciones y decisiones.

El secreto para una vida plena y exitosa no siempre se encuentra en los grandes cambios o decisiones drásticas, sino en esas pequeñas prácticas diarias que forman nuestros hábitos atómicos. Estos hábitos pueden parecer insignificantes por sí solos, pero combinados, tienen el poder de catapultarte hacia el éxito y la felicidad.

En este libro, no solo descubrirás la importancia de estos hábitos, sino que también aprenderás cómo puedes ajustarlos para alinearlos con tus objetivos más ambiciosos. Te enseñaré técnicas para reprogramar tu cerebro, fomentar pensamientos y emociones positivas, y eliminar aquellas rutinas que no te sirven.

Así que si estás listo para dar el primer paso hacia una vida más rica y satisfactoria, invito a que te unas a mí. Vamos a abrir nuestras mentes a nuevas posibilidades, a desafiar nuestras viejas creencias y a comenzar a construir una base sólida de hábitos que realmente apoyen tus aspiraciones.

Prepárate para descubrir cómo pequeños ajustes en tu día a día pueden desbloquear puertas a nuevas oportunidades y, lo más importante, cómo puedes empezar a vivir la vida que siempre has soñado. ¡Vamos a hacer que suceda!

Capítulo 1: Fundamentos de los Sentimientos y Pensamientos

Me alegra verte aquí, listo para empezar a experimentar tus propios sentimientos y pensamientos. En este capítulo, vamos a explorar cómo estos elementos poderosos no solo influyen en cada aspecto de tu vida, sino que también son herramientas que, si se comprenden y gestionan correctamente, pueden transformar tu existencia.

1. ¿Qué son realmente los sentimientos?

Primero, hablemos en profundidad sobre los sentimientos. A menudo, los percibimos simplemente como reacciones emocionales a nuestras experiencias diarias, pero la realidad es que son mucho más complejos y significativos. Los sentimientos actúan como el lenguaje del cuerpo; son señales vitales que nos informan sobre lo que está sucediendo internamente, ayudándonos a discernir entre lo que está bien y lo que está mal, lo que requiere nuestra atención y lo que merece ser celebrado. Esta capacidad de sentir nos proporciona una guía interna crucial para nuestras decisiones y acciones.

Imagina que cada sentimiento que experimentas es un mensaje de texto enviado por tu cuerpo, comunicándote cómo se siente en relación con lo que está sucediendo a tu alrededor. Este diálogo interno es constante y a menudo subestimado en su poder para influir en nuestro comportamiento y percepciones.

Por ejemplo, considera el sentimiento de felicidad. Cuando experimentas felicidad, es como si tu cuerpo te enviara un mensaje vibrante que dice, "¡Hey, esto es genial! Hagamos más de esto."

Esta señal puede motivarte a buscar activamente situaciones y actividades que generen más felicidad, reforzando comportamientos que potencialmente fomentan bienestar y satisfacción en tu vida.

Por otro lado, la tristeza actúa como un mensaje diferente, a menudo indicando que "Algo no está bien; necesitamos cambiar algo o ajustar nuestras expectativas." Este tipo de mensajes nos sirve para reflexionar sobre nuestras circunstancias actuales y motivar cambios que pueden ser necesarios para mejorar nuestro estado emocional o nuestra situación.

Además de la felicidad y la tristeza, consideremos otros sentimientos como el miedo y la ira. El miedo puede ser una señal que nos alerta sobre un peligro potencial, preparándonos para reaccionar en consecuencia, ya sea a través de la lucha o la huida. La ira, aunque a menudo vista negativamente, puede ser una respuesta a las injusticias percibidas y puede motivarnos a tomar medidas correctivas.

Estas emociones y sentimientos son fundamentales para nuestra supervivencia y desarrollo. Nos ayudan a navegar por nuestro entorno, influir en nuestras decisiones, y a menudo, determinan la calidad de nuestras interacciones sociales. Por ejemplo, el amor y el afecto que sentimos hacia los demás fomentan vínculos y relaciones, proporcionando un soporte emocional vital que contribuye a nuestra estabilidad emocional y bienestar general.

Entender y aprender a escuchar estos mensajes internos puede ser increíblemente enriquecedor. Nos permite estar más sintonizados con nosotros mismos y actuar de manera más informada y considerada. Reflexionar sobre nuestros sentimientos nos da la oportunidad de desarrollar una mayor empatía por nosotros mismos y por los demás, facilitando una comunicación más efectiva y relaciones más profundas.

Para cultivar una relación más saludable con nuestros sentimientos, podemos adoptar prácticas como la meditación o la escritura reflexiva, que nos ayudan a observar y procesar nuestras emociones sin juicio. Estas prácticas no solo mejoran nuestra salud mental y emocional, sino que también nos equipan con herramientas para manejar mejor los desafíos emocionales, promoviendo una vida más consciente y plena.

A medida que avanzamos, es esencial recordar que cada sentimiento tiene un propósito y que escuchar activamente nuestro lenguaje emocional interno puede proporcionarnos insights valiosos sobre nuestra verdadera naturaleza y deseos. Al hacerlo, no solo mejoramos nuestra autocomprensión y crecimiento personal, sino que también fortalecemos nuestras capacidades para interactuar con el mundo de manera más efectiva y compasiva.

En conclusión, los sentimientos son mucho más que reacciones pasajeras a los eventos de nuestras vidas; son guías esenciales que nos ayudan a navegar nuestro camino hacia una comprensión más profunda de quiénes somos y cómo deseamos vivir. Al abrazar y entender este lenguaje interno, nos abrimos a la posibilidad de una vida más rica y resonante, llena de aprendizaje y crecimiento.

2. El poder de tus pensamientos

Ahora, cambiemos a tus pensamientos, el lenguaje del cerebro. Tus pensamientos son increíblemente poderosos; tienen la capacidad de crear realidades, moldear tu autoimagen y dirigir tu comportamiento. Cada pensamiento que tienes es como un arquitecto en un sitio de construcción, dictando qué se construye y cómo se construirá.

Si constantemente piensas, "No soy lo suficientemente bueno," el arquitecto construye una estructura que refleja esa creencia. Pero si piensas, "Soy capaz y valioso," entonces construye una realidad muy diferente, una que soporta crecimiento y éxito.

Estos pensamientos actúan como cimientos y pilares sobre los que se edifica la estructura de tu vida. Por lo tanto, la naturaleza de tus pensamientos puede determinar no solo cómo te ves a ti mismo, sino también cómo interactúas con el mundo y enfrentas tus desafíos. La psicología moderna y la neurociencia han demostrado que el pensamiento positivo puede conducir a resultados positivos en la vida, incluyendo mayor bienestar general, mejor salud física y mental, relaciones más fuertes y mayor éxito profesional.

La Ciencia del Pensamiento Positivo

Los pensamientos positivos activan áreas en tu cerebro que te ayudan a ver más posibilidades y abrirte a nuevas experiencias. Esto es vital porque tu cerebro, cuando estimulado por pensamientos positivos, libera una química que mejora tu estado de ánimo y disminuye el dolor y el estrés. Además, pensar de manera positiva impulsa tu capacidad para enfrentarte a los problemas con una mente más clara y a tomar mejores decisiones.

Impacto del Pensamiento en la Salud Física

Tu mente y tu cuerpo están inextricablemente conectados. Un flujo constante de pensamientos negativos puede contribuir a la inflamación crónica en el cuerpo, lo cual está vinculado a una variedad de problemas de salud, como enfermedades cardíacas y diabetes. Por otro lado, los pensamientos positivos pueden proteger contra estos males de salud crónicos.

Cómo Cultivar Pensamientos Positivos

Transformar tu pensamiento no es una tarea sencilla y requiere práctica y paciencia. Aquí te ofrezco algunas técnicas para empezar a cultivar pensamientos más positivos:

Ω Mindfulness y Meditación: Estas prácticas te ayudan

a estar presente y consciente, permitiéndote reconocer tus patrones de pensamiento sin juzgarlos. A medida que te vuelves más consciente de tus pensamientos, puedes empezar a cambiar aquellos que son destructivos o negativos.

Ω Reestructuración Cognitiva: Esta técnica de terapia cognitivo-conductual implica identificar pensamientos negativos y desafiar su veracidad. Luego, los reemplazas con otros más positivos y realistas. Por ejemplo, cambiar "Siempre arruino todo" por "A veces cometo errores, pero aprendo de ellos".

Ω Diario de Gratitud: Escribir regularmente sobre las cosas por las que estás agradecido puede alterar significativamente tu perspectiva. Te ayuda a centrarte en lo positivo de tu vida, en lugar de en lo negativo.

Ω Rodéate de Positividad: Tu ambiente y las personas que te rodean influyen en tu perspectiva. Rodearte de influencias positivas puede ayudarte a mantener un estado de ánimo optimista y motivado.

Sosteniendo el Cambio

Mantener una perspectiva positiva requiere que te comprometas con el proceso a largo plazo. Continúa practicando mindfulness, mantén un diario de gratitud, busca constantemente fuentes de inspiración positiva, y rodeate de personas que alimenten tu crecimiento personal.

Recuerda, cada pensamiento que albergas es un ladrillo en la construcción de tu vida futura. Con cada pensamiento positivo, construyes una fortaleza que puede protegerte de las adversidades y te alinea con tus mayores aspiraciones. Es esencial que te tomes el tiempo para desarrollar esta habilidad, ya que los beneficios de una mente entrenada para pensar positivamente son inmensos y duraderos. Con compromiso y práctica, puedes transformar no solo tu mente sino toda tu vida. ¡Empecemos juntos este viaje hacia el pensamiento positivo!

3. La interacción entre sentimientos y pensamientos

Uno de los aspectos más emocionantes que vamos a explorar juntos es cómo tus sentimientos y pensamientos interactúan, afectando tus decisiones y comportamientos. Esta relación no es simplemente una calle de doble sentido; es más bien como una danza compleja donde cada elemento influye y es influenciado por el otro, creando un flujo dinámico de causa y efecto que puede moldear profundamente la forma en que vives tu vida.

Consideremos un ejemplo común que muchos de nosotros experimentamos: imagina que estás preocupado por una presentación importante en el trabajo. Ese pensamiento inicial de preocupación puede desencadenar una serie de reacciones emocionales, como nerviosismo o ansiedad. Estos sentimientos, a su vez, pueden hacer que te sientas menos seguro de tu capacidad para realizar la tarea en cuestión, reforzando y profundizando el sentimiento original de preocupación. Este ciclo de pensamiento y sentimiento puede continuar girando, cada vuelta agrega más estrés y ansiedad, a menos que tomes medidas conscientes para intervenir y cambiar el ritmo de esta danza mental.

La interacción entre pensamientos y sentimientos es fundamental para entender cómo gestionamos nuestras vidas diarias y enfrentamos desafíos. Por ejemplo, si constantemente permites que los pensamientos negativos dicten cómo te sientes sobre tus habilidades, es probable que estos sentimientos negativos te impidan alcanzar tu potencial. Por otro lado, si puedes cultivar una perspectiva más positiva, esta puede elevar tu estado de ánimo y mejorar tu rendimiento en una variedad de actividades, desde presentaciones en el trabajo hasta relaciones personales.

La Influencia de los Pensamientos en Nuestros Sentimientos

Los pensamientos pueden ser increíblemente poderosos en la forma en que influencian nuestros sentimientos. Por ejemplo, un pensamiento como "No estoy preparado para esta presentación" puede desencadenar inmediatamente sentimientos de miedo y ansiedad. Estos sentimientos no solo son desagradables, sino que también pueden afectar tu comportamiento, como la capacidad de hablar en público o de concentrarte en prepararte adecuadamente.

El Impacto de los Sentimientos en Nuestros Pensamientos

Del mismo modo, nuestros sentimientos pueden jugar un papel crucial en la configuración de nuestros pensamientos. Cuando experimentamos emociones negativas, es fácil que nuestros pensamientos se vuelvan pesimistas o derrotistas. Por ejemplo, si te sientes ansioso, es posible que empieces a pensar en todos los escenarios posibles en los que las cosas podrían salir mal, lo que a su vez puede aumentar tu ansiedad, creando un ciclo vicioso.

Rompiendo el Ciclo

Romper este ciclo requiere reconocimiento y esfuerzo. Aquí hay algunas estrategias que puedes emplear para gestionar mejor la interacción entre tus pensamientos y sentimientos:

Ω Mindfulness y Conciencia: Practicar la atención plena puede ayudarte a reconocer cuándo tus pensamientos están empezando a desencadenar respuestas emocionales negativas. Al ser consciente de estos patrones, puedes intervenir antes de que espiralicen.

Ω Reestructuración Cognitiva: Esta técnica implica cuestionar la validez de tus pensamientos automáticos negativos y reemplazarlos por otros más equilibrados y racionales. Por ejemplo, en lugar de pensar "Voy a arruinar la presentación", podrías decir "He hecho muchas presentaciones exitosas antes y estoy bien preparado para esta también".

Ω Técnicas de Relajación: Métodos como la respiración profunda, la meditación o incluso el ejercicio físico pueden ayudar a calmar tu respuesta emocional, dándote un mayor espacio para manejar tus pensamientos de manera más efectiva.

Ω Diálogo Interno Positivo: Conscientemente cambiar tu diálogo interno de crítico a motivador puede tener un impacto significativo en cómo te sientes y cómo actúas. Enfocarte en pensamientos positivos y afirmaciones puede mejorar tu confianza y reducir los sentimientos de ansiedad.

La relación entre tus pensamientos y sentimientos es compleja y a menudo desafiante, pero con práctica y dedicación, puedes aprender a navegar esta interacción de manera más efectiva. Al hacerlo, no solo mejorarás tu capacidad para manejar situaciones estresantes, como una importante presentación laboral, sino que también mejorarás tu bienestar general. Este entendimiento y estas habilidades no solo te empoderan en el ámbito profesional, sino en todos los aspectos de tu vida.

4. Cómo manejar tus emociones y pensamientos

Lo más poderoso que aprenderás aquí no es solo cómo tus

sentimientos y pensamientos afectan tu vida, sino cómo puedes gestionarlos activamente para mejorar tu bienestar y alcanzar tus metas. Vamos a cubrir técnicas prácticas para reconocer, entender y redirigir tus emociones y pensamientos de maneras que trabajen a tu favor.

Los sentimientos y los pensamientos son componentes intrínsecos de la experiencia humana y juegan un papel crucial en cómo interactuamos con el mundo y nos movemos hacia nuestras metas. A menudo, sin embargo, permitimos que estos procesos nos dominen y dirijan nuestras vidas sin nuestro consentimiento consciente. Aprender a manejar estos aspectos de tu mente puede transformar completamente tu enfoque de la vida, abriendo nuevas avenidas para el éxito personal y profesional.

Reconocimiento de Emociones y Pensamientos

El primer paso para gestionar efectivamente tus sentimientos y pensamientos es reconocerlos cuando ocurren. Esto puede parecer simple, pero en la práctica, requiere una gran conciencia y la habilidad de estar presente en cada momento. Aquí hay algunas técnicas para mejorar tu capacidad de reconocimiento:

Ω Mantén un diario emocional: Todos los días, toma unos momentos para anotar qué sentimientos y pensamientos predominaron en tu día. Esto te ayudará a identificar patrones y gatillos comunes.

Ω Practica la atención plena: A través de la meditación o simplemente tomando pequeños momentos en el día para sintonizar con tus emociones y pensamientos actuales, puedes comenzar a ver cómo fluctúan a lo largo del día y cómo afectan tu comportamiento.

Ω Establece controles regulares: Varios momentos al día, pregúntate a ti mismo: "¿Cómo me siento ahora? ¿Qué estoy pensando?" Esto puede ayudarte a tomar conciencia de tus emociones y pensamientos en tiempo real.

Entendimiento de tus Emociones y Pensamientos

Entender por qué sientes lo que sientes y piensas lo que piensas es el siguiente paso crucial. Muchas veces, nuestros sentimientos y pensamientos están enraizados en experiencias pasadas o miedos futuros y no reflejan adecuadamente nuestra realidad actual.

Ω Busca las raíces: Intenta trazar tus sentimientos y pensamientos más intensos hasta sus orígenes. ¿Hay situaciones pasadas que los estén influyendo? Entender esto puede darte una perspectiva más clara.

Ω Aprende sobre la conexión cuerpo-mente: Educar a ti mismo sobre cómo tus pensamientos y emociones afectan tu cuerpo puede motivarte a gestionarlos mejor. Por ejemplo, el estrés puede causar síntomas físicos como dolores de cabeza y fatiga, lo cual puede a su vez afectar tus pensamientos y emociones, creando un ciclo.

Redirección de Emociones y Pensamientos

Una vez que reconoces y entiendes tus emociones y pensamientos, el siguiente paso es aprender a redirigirlos de maneras que te beneficien.

Técnicas de respiración y relajación: Cuando te encuentres atrapado en emociones o pensamientos negativos, utiliza técnicas de respiración para calmar tu mente y cuerpo. Esto puede proporcionar un "reset" necesario para tus pensamientos.

1.1. Cambia la forma en que interpretas los eventos. Por ejemplo, en lugar de pensar en un fracaso como una confirmación de incapacidad, piénsalo como una oportunidad para aprender y crecer.

1.2. Usa la visualización para imaginar que gestionas con éxito tus emociones y pensamientos en situaciones desafiantes. Esto puede aumentar tu confianza y habilidad para manejar situaciones reales cuando surjan.

Mantenimiento de la Gestión Emocional y del Pensamiento

Finalmente, la gestión efectiva de emociones y pensamientos no es un logro único, sino un proceso continuo. Aquí hay algunas estrategias para mantener tus habilidades a lo largo del tiempo:

Ω Rutinas regulares: Incorpora prácticas de gestión de pensamientos y emociones en tu rutina diaria. Esto podría ser meditaciones matutinas, sesiones de escritura nocturna, o chequeos emocionales a lo largo del día.

Ω Apoyo social: Comparte tus experiencias y estrategias con amigos o en grupos de apoyo. Esto no solo puede proporcionarte nuevas perspectivas y recursos, sino que también te ayuda a mantenerte responsable.

Ω Educación continua: Mantente al día con nuevas técnicas y teorías en el campo de la psicología emocional y cognitiva. La comprensión continua es vital para la adaptación y el crecimiento personal.

Al dominar estas técnicas y hacer de la gestión de tus emociones y pensamientos una parte integral de tu vida, puedes liberar un nivel de bienestar y eficacia en la consecución de tus metas que quizás nunca hayas imaginado posible. Te animo a tomar estos pasos, uno a la vez, y a ver cómo transforman tu vida. La jornada hacia una mejor comprensión y gestión de tus emociones y pensamientos es un viaje emocionante y enriquecedor que vale la pena explorar. ¡Adelante y empieza hoy!

5. Técnicas prácticas para el cambio

Para empezar, vamos a introducir algunas prácticas simples que te ayudarán a ser más consciente de tus pensamientos y sentimientos en el momento, permitiéndote responder a ellos en lugar de reaccionar de forma automática. Estas prácticas pueden parecer pequeñas al principio, pero tienen el potencial de cambiar profundamente la forma en que interactúas con el mundo a tu alrededor y cómo te enfrentas a los desafíos de la vida.

Meditación y Atención Plena

La meditación y la atención plena son herramientas poderosas para desarrollar una mayor conciencia de tus pensamientos y sentimientos. Aquí está cómo puedes comenzar:

Ω Encuentra un Lugar Tranquilo: Dedica unos minutos cada día a sentarte en un lugar tranquilo, donde no serás interrumpido. Esto puede ser por la mañana antes de que comience el día o por la noche antes de dormir.

Ω Respira Profundamente: Cierra los ojos y concéntrate en tu respiración. Siente cómo el aire entra y sale de tus pulmones. Esto te ayudará a centrarte y reducir las distracciones.

Ω Observa tus Pensamientos: A medida que meditas, observa los pensamientos que cruzan tu mente sin juzgarlos o involucrarte con ellos. Imagina que tus pensamientos son como nubes pasando por el cielo.

Ω Vuelve a tu Respiración: Cada vez que te encuentres siguiendo tus pensamientos, suavemente guía tu atención de vuelta a tu respiración. Este acto de volver a tu respiración te ayuda a desarrollar control sobre tu atención.

Escritura Reflexiva

Llevar un diario es otra herramienta excelente para ayudarte a procesar tus sentimientos y obtener claridad en tus pensamientos. Aquí te explico cómo puedes hacer de la escritura reflexiva una parte regular de tu vida:

Ω Establece un Tiempo Diario: Dedica un tiempo cada día para escribir en tu diario. Podría ser por la mañana como una forma de establecer tus intenciones para el día, o por la noche como una manera de reflexionar sobre lo que ocurrió.

Ω Escribe Libremente: No te preocupes por la gramática o el estilo; lo importante es expresar tus pensamientos y sentimientos libremente. Escribe sobre lo que estás pensando, cómo te sientes y cómo estos elementos están afectando tu vida.

Ω Haz Preguntas: Desafía tus propios pensamientos y sentimientos con preguntas. ¿Por qué siento esto? ¿Qué podría hacer para cambiar? ¿Hay otra manera de ver 25 esta situación?

Ω Busca Patrones: Con el tiempo, revisa tus entradas anteriores para identificar patrones o temas recurrentes. Esto puede ofrecerte valiosas percepciones sobre cómo tus pensamientos y sentimientos influyen en tu comportamiento y decisiones.

Construyendo un Mejor Tú

Al final de este capítulo, mi objetivo es que te sientas equipado con el conocimiento y las herramientas para comenzar a ajustar conscientemente esos pensamientos y emociones que influyen en tu vida. Es un paso revelador, y estoy aquí para guiarte en cada paso del camino. Estas prácticas no solo mejorarán tu autoconciencia, sino que también te capacitarán para hacer cambios positivos y duraderos en tu vida.

El proceso de convertirse en una versión mejor de uno mismo es continuo y requiere compromiso y práctica. Pero con cada pequeño paso, te estarás moviendo hacia una vida más consciente y satisfactoria. Recuerda, no se trata de hacer cambios drásticos de la noche a la mañana, sino de hacer pequeños ajustes de manera regular que sumarán a una transformación significativa.

Llamado a la Acción

Te invito a empezar hoy. No esperes el momento perfecto; el mejor momento para comenzar es ahora. Elige una de las prácticas mencionadas—meditación, atención plena, escritura reflexiva—y comprométete a integrarla en tu rutina diaria. Observa cómo estos pequeños cambios comienzan a hacer una gran diferencia en tu vida.

Cada paso que tomas es un paso hacia una mejor comprensión de ti mismo y hacia una vida más plena y rica. Te animo a abrazar este viaje, explorar profundamente tus pensamientos y sentimientos, y ver cómo pueden moldear positivamente tu vida. ¡Adelante, comienza a construir un mejor tú hoy!

Capítulo 2: Reconfiguración Cerebral

Espero que estés listo para profundizar más en cómo tus pensamientos y emociones pueden ser moldeados activamente para mejorar tu vida. En este capítulo, exploraremos el fascinante concepto de neuroplasticidad, que es esencial para entender cómo puedes reprogramar tu cerebro. A través de técnicas prácticas y alentadoras historias reales, descubrirás cómo es posible transformar tu pensamiento y abrirte a nuevas posibilidades de bienestar y éxito.

Neuroplasticidad: El Cerebro Cambiante

El cerebro no es un órgano estático; es dinámico y adaptable. La neuroplasticidad es la capacidad del cerebro para reorganizarse a sí mismo tanto física como funcionalmente a lo largo de la vida debido a tu entorno, comportamiento, pensamiento y emociones. Piensa en tu cerebro como en un mapa en constante rediseño, donde cada experiencia puede trazar nuevas rutas y destinos.

¿Por qué es esto revolucionario? Porque rompe con la vieja creencia de que estamos limitados por las capacidades cerebrales con las que nacemos. En cambio, nos muestra que podemos influir y mejorar nuestras funciones cerebrales con las acciones adecuadas.

Esta comprensión de la neuroplasticidad nos ofrece un poder extraordinario: el poder de cambiar nuestra mente a través de la forma en que vivimos nuestras vidas. Es un concepto que transforma, ofreciendo no solo esperanza, sino también una base científica para técnicas de desarrollo personal que pueden hacer una diferencia tangible.

La Ciencia Detrás de la Neuroplasticidad

La neuroplasticidad no es solo una idea abstracta; está apoyada por décadas de investigación. Los científicos han demostrado que el cerebro cambia continuamente en respuesta a nuestras experiencias. Cuando aprendemos algo nuevo, nuestro cerebro ajusta físicamente sus conexiones. Las neuronas (células cerebrales) forman nuevas conexiones entre sí, y las "rutas" existentes que se utilizan con más frecuencia se fortalecen, mientras que aquellas que raramente se usan eventualmente se debilitan y desaparecen, un proceso conocido como "poda sináptica".

Implicaciones de la Neuroplasticidad

Ω Aprendizaje y Memoria: La capacidad de aprender cosas nuevas y recordar información es un ejemplo claro de neuroplasticidad. Cada vez que memorizas datos o desarrollas una nueva habilidad, estás alterando la estructura de tu cerebro.

Ω Recuperación de Lesiones Cerebrales: La neuroplasticidad es la esperanza para las personas que han sufrido lesiones cerebrales. A través de la terapia y las prácticas rehabilitativas, es posible recuperar funciones y habilidades, ya que el cerebro puede encontrar nuevas formas de trabajar alrededor de las áreas dañadas.

Ω Adaptación a Nuevas Experiencias: Ya sea mudarse a una nueva ciudad, comenzar un nuevo trabajo o aprender un nuevo idioma, la adaptabilidad de nuestro cerebro es esencial para ajustarnos a nuevos entornos y desafíos.

Cómo Fomentar la Neuroplasticidad

Si bien es emocionante saber que podemos moldear nuestro cerebro, es crucial entender cómo podemos fomentar positivamente esta adaptabilidad. Aquí hay algunas formas de activar y sostener la neuroplasticidad:

Ω Aprendizaje Continuo: Involucrarte en el aprendizaje continuo, ya sea académico, profesional o personal (como aprender a tocar un instrumento musical o practicar un nuevo deporte), puede estimular tu cerebro.

Ω Desafíos Mentales: Resolver rompecabezas, jugar juegos que requieren habilidad y estrategia, o participar en debates complejos puede ayudar a mantener tu cerebro agudo y activo.

Ω Dieta y Ejercicio: Lo que comes y cómo te mantienes físicamente activo puede afectar la salud de tu cerebro. Los alimentos ricos en antioxidantes, los ácidos grasos 31 omega-3 y la actividad física regular son beneficiosos para la neuroplasticidad.

Ω Meditación y Mindfulness: Estas prácticas no solo reducen el estrés, sino que también se ha demostrado que aumentan la materia gris en el cerebro, mejorando áreas relacionadas con la atención, la emoción y la toma de decisiones autónomas.

Ω Relaciones Sociales: Interactuar con otros, especialmente en relaciones significativas y de apoyo, puede estimular tu cerebro. Las interacciones sociales fomentan nuevas ideas y perspectivas, que a su vez estimulan la neuroplasticidad.

Conclusión

La neuroplasticidad nos da el poder no solo de cambiar nuestras mentes, sino también de cambiar nuestras vidas. No estamos irremediablemente atados a los patrones de pensamiento y comportamiento con los que crecimos o que hemos adoptado en nuestras vidas tempranas. Con el conocimiento adecuado y las técnicas correctas, cada uno de nosotros tiene la capacidad de reescribir su propio mapa cerebral, abriendo un mundo de posibilidades para el crecimiento personal, la curación y el aprendizaje. Embrace this empowering knowledge and start shaping your brain for a better tomorrow.

Cómo Funciona la Neuroplasticidad

La neuroplasticidad ocurre en varios niveles, desde cambios microscópicos en la cantidad de neurotransmisores liberados hasta la reorganización completa de las áreas del cerebro. Cuando aprendemos algo nuevo o repetimos un pensamiento o una acción, fortalecemos las conexiones neuronales que están involucradas en ese proceso. Por otro lado, las conexiones que no utilizamos se debilitan y eventualmente se pierden, un fenómeno conocido como poda sináptica.

Este fascinante proceso es la base de cómo aprendemos y nos adaptamos, cómo formamos recuerdos y cómo nuestros hábitos y comportamientos se vuelven parte de quiénes somos. Vamos a explorar más profundamente cómo funciona la neuroplasticidad, cómo afecta nuestra vida diaria y cómo podemos utilizarla para mejorar nuestra salud mental y física, nuestra capacidad de aprendizaje y nuestro bienestar general.

Cómo Funciona la Neuroplasticidad

La neuroplasticidad se manifiesta de varias maneras. Primero, cuando se forman nuevas conexiones entre las neuronas, lo que ocurre especialmente cuando se aprende algo nuevo. Estas conexiones, conocidas como sinapsis, son como puentes que permiten que las señales eléctricas y químicas viajen entre las células. Cuantas más veces se repite una acción o pensamiento, más fuertes se vuelven estas sinapsis.

En segundo lugar, la neuroplasticidad implica la creación de nuevas neuronas, un proceso conocido como neurogénesis. Aunque esto ocurre principalmente durante la infancia, los investigadores han descubierto que ciertas áreas del cerebro adulto pueden generar nuevas neuronas durante toda la vida, especialmente en el hipocampo, una región involucrada en el aprendizaje y la memoria.

Por otro lado, la poda sináptica es el proceso mediante el cual las conexiones neuronales menos utilizadas se debilitan y eventualmente se pierden. Esto es parte de cómo el cerebro se vuelve más eficiente, eliminando las conexiones que ya no son necesarias, permitiendo que los recursos se centren en las conexiones más fuertes y relevantes.

Implicaciones de la Neuroplasticidad en la Vida Cotidiana

La neuroplasticidad tiene implicaciones profundas para nuestra vida cotidiana. Afecta todo, desde nuestra capacidad para aprender nuevas habilidades, hasta nuestra capacidad para recuperarnos de lesiones cerebrales y manejar condiciones de salud mental.

Aprendizaje y Educación: Entender que el cerebro puede cambiar y adaptarse tiene enormes implicaciones para la educación. Enseñar y aprender no son solo cuestiones de transmitir y recibir información, sino de formar y reforzar conexiones neuronales. Esto puede llevar a métodos de enseñanza más efectivos que aprovechen la capacidad del cerebro para adaptarse y cambiar.

Recuperación de Lesiones Cerebrales: La neuroplasticidad es una esperanza para aquellos que han sufrido lesiones cerebrales. A través de la terapia adecuada y la rehabilitación, las áreas del cerebro que no se dañaron pueden a veces aprender a realizar las funciones que antes realizaban las áreas afectadas.

Salud Mental: Para aquellos que luchan contra condiciones psicológicas como la depresión o la ansiedad, entender la neuroplasticidad puede ser clave. Las terapias que fomentan nuevos patrones de pensamiento y comportamiento pueden literalmente 'reescribir' partes del cerebro, ayudando a aliviar algunos síntomas de estas condiciones.

Cómo Potenciar la Neuroplasticidad

Dado que la neuroplasticidad juega un papel crucial en el desarrollo del cerebro, es importante saber cómo fomentarla:

Ω Mantente Mentalmente Activo: Aprender habilidades nuevas, leer libros, resolver crucigramas, o incluso aprender un nuevo idioma o instrumento musical puede estimular tu cerebro.

Ω Ejercicio Regular: El ejercicio no solo es bueno para tu cuerpo; también beneficia a tu cerebro. El ejercicio aumenta el flujo sanguíneo al cerebro, lo que puede ayudar a mejorar las funciones cognitivas y fomentar la neurogénesis.

Ω Dieta Saludable: Comer una dieta equilibrada rica en antioxidantes, ácidos grasos omega-3 y nutrientes esenciales puede apoyar la salud del cerebro y la neuroplasticidad.

Ω Reducción del Estrés: El estrés crónico puede inhibir la neuroplasticidad. Prácticas como la meditación, el yoga, y pasar tiempo en la naturaleza pueden ayudar a reducir el estrés y mejorar la salud cerebral.

La neuroplasticidad es una de las características más notables y esperanzadoras del cerebro humano. Nos da el poder de cambiar, adaptarnos y mejorar a lo largo de nuestras vidas. Al adoptar hábitos y estilos de vida que fomentan la neuroplasticidad, podemos mejorar nuestra capacidad de aprender, aumentar nuestra resiliencia y mejorar nuestra salud mental y física. Aprovechar el poder de la neuroplasticidad puede abrir nuevas vías para el crecimiento personal y la transformación a lo largo de toda la vida.

Potenciando la Neuroplasticidad a tu Favor

Aquí hay varias estrategias que puedes usar para aprovechar el poder de la neuroplasticidad para mejorar tu vida:

Establecer Nuevas Rutinas

Cambiar tu rutina diaria puede ayudarte a formar nuevas conexiones neuronales. Esto es crucial porque cada vez que aprendes algo nuevo o cambias tu comportamiento habitual, estás literalmente remodelando tu cerebro. Incluye en tu vida diaria actividades que desafíen tu cerebro, como aprender a tocar un instrumento musical, resolver puzzles o practicar un nuevo deporte. Estas actividades no solo son divertidas y enriquecedoras, sino que también construyen y refuerzan caminos neuronales que pueden mejorar otras áreas de tu vida.

Por ejemplo, aprender a tocar un instrumento musical no solo mejora tus habilidades musicales, sino que también puede aumentar tu memoria y capacidad de concentración. Del mismo modo, los deportes pueden mejorar tu coordinación, tu tiempo de reacción y tu capacidad de trabajo en equipo, incluso en contextos no deportivos.

Meditación y Mindfulness

La meditación y las prácticas de mindfulness son conocidas por reducir el estrés, pero sus beneficios van mucho más allá. Estudios han mostrado que la meditación regular no solo alivia la ansiedad y mejora tu estado de ánimo, sino que también puede cambiar físicamente el cerebro. La investigación sugiere que la meditación puede aumentar la densidad de la materia gris en áreas del cerebro asociadas con la atención, la emoción y la toma de decisiones.

Integrar la meditación en tu rutina diaria puede ayudarte a desarrollar un mayor control sobre tus emociones y pensamientos, permitiéndote responder más conscientemente en situaciones estresantes. Incluso unos pocos minutos al día pueden ser beneficiosos, así que considera iniciar o terminar tu día con una breve sesión de meditación.

Lectura y Educación Continua

Mantener una actitud de aprendizaje continuo es vital para estimular la neuroplasticidad. La educación no debería detenerse nunca; aprender constantemente nuevas habilidades o expandir tu conocimiento no solo te enriquece culturalmente, sino que también estimula tu cerebro de manera continua.

La lectura, en particular, es una excelente manera de apoyar este proceso. Al leer, no solo adquieres nueva información, sino que también mejoras tu comprensión y empatía. Además, la lectura puede mejorar tu capacidad de concentración y memoria a largo plazo. Intenta diversificar los tipos de lectura que haces—desde ficción hasta no ficción, ciencia, historia o filosofía—para desafiar y estimular diferentes partes de tu cerebro.

Estrategias Adicionales para la Neuroplasticidad

Además de las actividades mencionadas anteriormente, considera incorporar estas estrategias adicionales en tu vida para maximizar los beneficios de la neuroplasticidad:

Socialización Activa: Interactuar con otros no solo es agradable, sino que también es bueno para tu cerebro. Las conversaciones y las interacciones sociales pueden ayudar a mejorar tu cognición y reducir el riesgo de demencia.

Dietas Enriquecidas: Lo que comes afecta tu cerebro. Alimentos ricos en omega-3, antioxidantes y fibras pueden apoyar la función cerebral y la neuroplasticidad. Considera integrar alimentos como el pescado azul, frutos secos, frutas y verduras frescas en tu dieta.

Ejercicio Físico Regular: El ejercicio no solo beneficia tu cuerpo; también es esencial para tu cerebro. La actividad física regular, especialmente el cardio, puede aumentar la creación de nuevas células cerebrales y mejorar la conexión general entre ellas.

Conclusión

Implementar estas estrategias para fomentar la neuroplasticidad te permitirá aprovechar al máximo la capacidad de tu cerebro para adaptarse y crecer. Cada nueva habilidad que aprendes, cada nuevo hábito que formas y cada nueva información que absorbes, no solo añade a tu repertorio personal, sino que también refuerza y expande tu capacidad cerebral. Embracing these practices will not only make you more adaptable and skilled but also more resilient against age-related cognitive declines. Take the first step today towards a sharper, more vibrant brain.

Técnicas de Reconfiguración Cerebral

Para comenzar a reconfigurar tu cerebro, considera incorporar las siguientes técnicas en tu vida diaria, que te ayudarán a moldear tu mente de manera que favorezca una visión más positiva y constructiva de ti mismo y de tus capacidades. Estas técnicas son herramientas poderosas que pueden mejorar tu salud mental y emocional, influir positivamente en tu autoestima, y ayudarte a alcanzar tus metas personales y profesionales con mayor efectividad.

Afirmaciones Positivas

Empezar el día con afirmaciones puede tener un impacto significativo en tu mentalidad y percepción general de la vida. Al declarar intenciones positivas y reafirmarte a ti mismo con frases como "Tengo la capacidad de superar cualquier desafío" o "Cada día, de todas maneras, me estoy volviendo mejor y mejor", estás programando tu mente para enfocarse en posibilidades positivas y en tu capacidad de crecimiento y éxito. Este tipo de pensamiento positivo puede ayudarte a construir resiliencia y a enfrentar los desafíos diarios con mayor confianza.

Cómo practicar afirmaciones:

- Ω Escoge afirmaciones que resuenen contigo y que se alineen con tus valores y objetivos.

- Ω Repite tus afirmaciones cada mañana. Puedes hacerlo mientras te preparas para comenzar el día, asegurándote de que realmente estás prestando atención a las palabras y creyendo en ellas.

- Ω Lleva un registro de cómo te sientes y de cualquier cambio que notes en tu comportamiento o en tu entorno como resultado de practicar regularmente las afirmaciones.

Visualización Creativa

Dedicar tiempo cada día a visualizar tu vida ideal puede ser extremadamente poderoso. Al imaginar tus sueños con detalles y sentir las emociones asociadas con tus éxitos como si ya fueran una realidad, no solo estás aumentando tu motivación, sino que también estás entrenando a tu cerebro para reconocer y desarrollar las vías para lograr esos éxitos. Esta práctica te ayuda a crear una imagen clara de lo que quieres alcanzar y establece una mentalidad que favorece la acción y la perseverancia.

Cómo practicar la visualización:

Ω Encuentra un lugar tranquilo y tiempo sin interrupciones para concentrarte completamente en tu práctica.

Ω Cierra los ojos y construye una imagen detallada de lo que deseas lograr, incluyendo cómo te sientes, qué estás haciendo, quién está contigo y dónde te encuentras.

Ω Involucra todos tus sentidos para hacer la experiencia lo más vívida y realista posible.

Ω Utiliza esta técnica regularmente, idealmente todos los días, para reforzar estos caminos neuronales.

Técnica del Espejo

Hablar contigo mismo de manera positiva frente a un espejo puede parecer simple, pero es una técnica poderosa para reforzar tu autoestima. Al hacerlo, puedes cambiar las áreas del cerebro relacionadas con la auto-percepción y la autovaloración. Esta práctica no solo mejora cómo te ves a ti mismo, sino que también puede influir en cómo interactúas con los demás y enfrentas las situaciones de la vida.

Cómo practicar la técnica del espejo:

Ω Párate frente al espejo, preferiblemente por la mañana, y

mira directamente a tus ojos.

- Ω Habla en voz alta, declarando tus fortalezas y tus intenciones para el día.
- Ω Hazlo todos los días y observa cómo cambia tu diálogo interno y tu comportamiento externo con el tiempo.

Estas técnicas, cuando se practican regularmente, pueden tener un impacto profundo en tu vida. Te permiten tomar el control de cómo piensas y sientes, dándote el poder de reconfigurar tu cerebro para el éxito y el bienestar. Empezar a utilizar estas herramientas es el primer paso hacia una transformación personal significativa. Con compromiso y práctica, verás cambios notables no solo en tu mente, sino en toda tu vida.

Estudios de Caso: Historias Reales de Cambio

Elena

Después de un divorcio difícil, Elena se sentía perdida y sin dirección. Comenzó a practicar la meditación y la visualización diariamente. En seis meses, no solo recuperó su confianza sino que también inició su propio negocio, utilizando las nuevas habilidades mentales que había desarrollado para superar sus miedos y planificar su futuro. Esta transformación no fue solo un cambio de circunstancias; fue un cambio radical en su mentalidad y su enfoque de vida. Al adoptar técnicas que fortalecieron su mente, Elena pudo ver oportunidades donde antes solo veía obstáculos.

Marcos

Marcos sufría de ansiedad crónica que afectaba su capacidad para trabajar eficazmente. A través de la meditación mindfulness y técnicas de respiración, logró reducir significativamente sus niveles de estrés. Además, la incorporación de ejercicios mentales diarios y la lectura le ayudaron a fortalecer su atención y concentración. Estos cambios no solo mejoraron su rendimiento laboral, sino que también enriquecieron su vida personal, permitiéndole disfrutar de relaciones más profundas y de un mayor bienestar general.

Avanzando

Estos ejemplos demuestran que, con el enfoque y las técnicas adecuadas, puedes comenzar a tomar control sobre cómo tu cerebro se adapta y evoluciona. El camino hacia el auto-mejoramiento es continuo, y cada pequeño paso cuenta. Al aplicar lo que has aprendido en este capítulo, puedes comenzar a ver cambios significativos en cómo piensas, sientes y actúas.

Este capítulo es solo el principio. Con cada nueva técnica que integres y cada hábito que desarrolles, estarás pavimentando el camino hacia un futuro más brillante y más controlado por ti. Recuerda, cada día ofrece una nueva oportunidad para moldear tu cerebro y, por ende, tu destino. Estos relatos son un claro testimonio de cómo el poder de la neuroplasticidad y el desarrollo personal pueden liberar el potencial humano.

Reflexión

La capacidad de cambiar no se limita a unos pocos; está al alcance de todos. Cada uno de nosotros tiene la capacidad de reconfigurar nuestros cerebros y nuestras vidas, independientemente de nuestras circunstancias actuales. Lo que se requiere es compromiso, práctica y la disposición para adoptar nuevas formas de pensar y de ser.

Desarrollo Continuo

Mientras continúas explorando estas técnicas, piensa en cómo cada pequeña mejora puede sumar a grandes cambios en tu vida. No te desanimes por los desafíos o contratiempos que puedas enfrentar; cada obstáculo es una oportunidad para aprender y crecer. La neuroplasticidad no solo se trata de mejorar la función cerebral; se trata de cultivar una vida plena y satisfactoria.

Llamado a la Acción

¿Estás listo para seguir explorando y expandiendo tus horizontes? No esperes el momento perfecto; empieza ahora. Cada paso que das es una inversión en tu futuro. Te animo a que elijas una técnica que resuene contigo y comiences hoy mismo. Puede ser algo tan simple como dedicar cinco minutos cada mañana a la meditación o pasar tiempo cada noche reflexionando y escribiendo en un diario. Cualquier paso que elijas te acercará a una vida más consciente y empoderada.

Este es tu momento para actuar y tomar el control de tu desarrollo personal. ¡Vamos allá!

Capítulo 3: La Fuerza de la Visualización

Si estás listo para continuar tu proceso hacia el autodescubrimiento y el crecimiento personal, este capítulo es crucial. Vamos a connocer el poder de la visualización, una herramienta increíblemente potente que puede transformar tus sueños en realidades. ¿Suena un poco mágico? Bueno, hay ciencia detrás de esto, y estoy aquí para guiarte a través de cada paso, mostrándote cómo hacer que la visualización trabaje para ti.

El Poder de la Visualización

Imagina por un momento que estás parado frente a una hermosa playa. Puedes sentir la brisa suave, oler el océano salado, oír las olas chocar suavemente y ver el atardecer pintando el cielo con colores que quitan el aliento. Aunque solo esté en tu mente por ahora, sientes una sensación de paz y asombro. Esto es visualización en acción.

La visualización no es solo una técnica poderosa para los atletas que se preparan para una competencia o para los artistas que ensayan en su mente. Es una herramienta que todos podemos usar para mejorar nuestra vida diaria, nuestras habilidades y alcanzar nuestros objetivos más ambiciosos. ¿Cómo funciona exactamente? Bueno, cuando visualizas, activas las mismas redes neuronales que se activarían si estuvieras experimentando la situación en la vida real. Es como un ensayo en tu cerebro que prepara tu cuerpo y mente para actuar de acuerdo a tus visiones.

El Poder de la Visualización

Este proceso de visualización no es mágico, pero sí increíblemente efectivo. Al imaginar detalladamente un escenario, tu cerebro interpreta la experiencia como real, y empieza a generar las mismas conexiones neuronales que se producirían si estuvieras viviendo ese momento. Esto significa que puedes entrenar tu cerebro para reaccionar de manera más efectiva en situaciones reales, simplemente mediante la práctica de la visualización.

Por ejemplo, un atleta que visualiza su desempeño perfecto en una competencia está pavimentando el camino para que ese desempeño se convierta en realidad. Al visualizar sus movimientos, está fortaleciendo las conexiones neuronales que utilizará en la carrera. De manera similar, un ejecutivo que visualiza una presentación exitosa ante la junta directiva puede calmar sus nervios y afinar su rendimiento cuando llegue el momento real.

Técnicas de Visualización Efectivas

Para aprovechar al máximo la visualización, sigue estas técnicas efectivas:

Ω Sé lo más detallado posible: Cuanto más vívido sea el escenario que imaginas, más efectiva será la visualización. Incluye tantos detalles sensoriales como puedas: ¿Qué 49 ves? ¿Qué oyes? ¿Qué estás tocando? ¿Cómo te sientes?

Ω Incorpora la emocionalidad: No solo visualices las acciones, también imagina las emociones que acompañarán tu éxito o cualquier otro escenario que estés visualizando. ¿Cómo te sentirás cuando logres ese objetivo?

Ω Practica regularmente: La visualización es más efectiva cuando se practica regularmente. Trata de dedicar tiempo cada día a cerrar los ojos y sumergirte en tu mundo deseado.

Ω Usa guías de visualización: Si te resulta difícil crear tus propias imágenes mentales, considera usar guías de visualización grabadas. Muchas de estas guías están diseñadas específicamente para ayudarte a visualizar y alcanzar objetivos específicos.

Beneficios de la Visualización

Los beneficios de la visualización son vastos y pueden impactar casi todos los aspectos de tu vida:

Ω Mejora del rendimiento: Como en los ejemplos de atletas y profesionales, la visualización puede mejorar significativamente el rendimiento en actividades físicas y mentales.

Ω Reducción del estrés y la ansiedad: Visualizar escenarios tranquilos y exitosos puede ayudar a calmar la mente y reducir los niveles de estrés y ansiedad.

Ω Mejora de la confianza y la autoestima: Al visualizar regularmente el éxito y el logro de tus metas, puedes fortalecer tu autoestima y tu confianza en tus capacidades.

Ω Fomento de la creatividad: La visualización también puede ser una herramienta poderosa para desbloquear tu creatividad. Al imaginar diferentes maneras de superar obstáculos o crear nuevas cosas, estás expandiendo tu capacidad para pensar de manera innovadora.

Integrando la Visualización en Tu Vida Diaria

Para integrar la visualización en tu rutina diaria, considera momentos en los que puedas estar tranquilo y sin distracciones. Muchas personas encuentran útil visualizar por la mañana, para establecer el tono del día, o por la noche, como una manera de despejar la mente antes de dormir. También puedes utilizar momentos de pausa durante el día, como durante una caminata o en un descanso para el café, para cerrar los ojos y visualizar brevemente tus objetivos.

La visualización es una herramienta accesible y poderosa que puede ayudarte a mejorar en casi cualquier área de tu vida. Al entender y aplicar las técnicas correctas de visualización, estás tomando pasos activos hacia la realización de tus sueños y objetivos. Ya sea que estés buscando mejorar tu desempeño en un deporte, en tu carrera profesional, o simplemente en tu bienestar general, la visualización puede ofrecerte una vía clara y práctica para lograr esos resultados. Empieza hoy, y observa cómo puedes transformar tu vida desde el poder de tu propia mente.

Cómo la Visualización Influencia Nuestras Acciones y Motivaciones

Cada vez que te tomas el tiempo para visualizar tus objetivos, estás, en esencia, fortaleciendo tu camino hacia ellos. Eso es porque la visualización refuerza la conexión entre el cerebro pensante (corteza prefrontal) y nuestras emociones y deseos más profundos alojados en el sistema límbico. Esta conexión refuerza tu motivación y aumenta tus probabilidades de tomar acciones que alineen con tus metas.

Un estudio de la Universidad de Chicago demostró que los atletas que se visualizaban a sí mismos ejecutando una rutina perfecta pudieron mejorar su rendimiento físico casi tanto como aquellos que practicaban físicamente. Esto nos muestra que, si bien la práctica física es irremplazable, el poder de la mente no está lejos en su capacidad para prepararnos para el éxito.

El Impacto Profundo de la Visualización

Este fenómeno no es solo útil para los atletas, sino para cualquier persona que busque mejorar en cualquier área de la vida. La visualización es una herramienta poderosa que puede ayudar a los estudiantes a mejorar en los exámenes, a los empresarios a tener éxito en sus negocios, a los artistas a perfeccionar su arte y a las personas comunes a alcanzar sus metas personales y profesionales.

La razón por la que la visualización es tan efectiva radica en cómo el cerebro y el cuerpo interactúan. Cuando visualizas activamente, tu cerebro no distingue claramente entre la experiencia imaginada y una real. Esto induce a los mismos procesos neuronales que se activarían si estuvieras realizando la acción físicamente, lo que prepara tanto tu mente como tu cuerpo para actuar de acuerdo a lo visualizado.

Cómo Practicar la Visualización Efectivamente

Para aprovechar al máximo la visualización, es importante que practiques de manera efectiva. Aquí te dejamos algunos consejos:

Ω Se específico en tus visualizaciones: Cuanto más detallada y clara sea la imagen, más efectiva será. Incluye todos los sentidos en tu visualización y experimenta la situación tan vívidamente como sea posible.

Ω Incorpora la visualización en tu rutina diaria: Haz un hábito de visualizar tus objetivos al menos una vez al día. Muchas personas encuentran útil hacerlo por la mañana o justo antes de dormir.

Ω Utiliza guiones o grabaciones: Algunas personas encuentran útil escuchar guiones de visualización grabados o leer descripciones detalladas de la situación que desean lograr.

Ω Mantén una actitud positiva: La confianza en el proceso es crucial. Cree en el poder de tu mente para influir en tus capacidades y en el resultado de tus esfuerzos.

Estudios y Evidencia

Además del estudio mencionado anteriormente, numerosas investigaciones han apoyado el uso de la visualización en diversos campos. Por ejemplo, en la psicología del deporte, la visualización se utiliza regularmente para complementar el entrenamiento físico. Los psicólogos también la recomiendan para mejorar la autoestima y para combatir el estrés.

En el campo médico, se ha demostrado que la visualización ayuda a reducir el estrés y la ansiedad, e incluso puede mejorar la respuesta inmunitaria. Esto es especialmente útil para pacientes que se enfrentan a cirugías o tratamientos largos y difíciles.

Visualización para el Desarrollo Personal

La visualización también juega un papel clave en el desarrollo personal. Al visualizar los objetivos y las etapas de la vida que deseas alcanzar, estás creando un plan mental que tu subconsciente comenzará a seguir. Esto puede incluir cambios en tu carrera,
mejorar relaciones personales, o alcanzar la paz interior.

En resumen, la visualización es más que solo una técnica de pensamiento positivo. Es una práctica basada en la ciencia que puede tener un impacto significativo en tu rendimiento físico y mental. Al integrar la visualización en tu vida diaria y practicarla de manera consistente y enfocada, puedes mejorar no solo en habilidades específicas sino también en alcanzar una mejor calidad de vida en general. La capacidad de visualizar es una de las herramientas más poderosas a tu disposición para moldear tu destino y alcanzar tus sueños. Así que, ¿por qué no comenzar hoy y ver hasta dónde te puede llevar tu mente?

Técnicas de Visualización Efectivas

Ahora que comprendes un poco mejor el impacto que la visualización puede tener, hablemos sobre cómo puedes comenzar a practicarla efectivamente. Aquí te presento algunas técnicas que puedes incorporar en tu rutina diaria:

Visualización Guiada

Esta técnica implica que te guíen a través de un escenario detallado y estructurado, ya sea mediante una grabación de audio o un texto. Puede ser especialmente útil si encuentras difícil crear imágenes mentales por tu cuenta. En la visualización guiada, una voz te lleva por un paisaje imaginado, describiendo en detalle el entorno, los sonidos, las sensaciones y las emociones asociadas con tus objetivos. Este método te ayuda a concentrarte y profundizar en la experiencia, facilitando que tu cerebro establezca conexiones que simulen una experiencia real.

Visualización Creativa

Aquí, tú tomas las riendas. Dedica tiempo cada día a cerrar los ojos y pintar una imagen vívida de tus objetivos y sueños. Cuanto más detallada sea la imagen, mejor. Imagina los sonidos, olores, sensaciones, todo. Por ejemplo, si tu sueño es comprar una casa, visualízate caminando por cada habitación, tocando los muebles, sintiendo la textura del suelo bajo tus pies, escuchando los sonidos de la casa y olores del jardín. Esta práctica no solo refuerza tu motivación y compromiso con tus metas, sino que también activa múltiples áreas del cerebro, lo que puede mejorar tu capacidad para hacer realidad estos sueños.

Tableros de Visualización

Una herramienta tangible que puedes usar es un tablero de visualización, donde pegas imágenes y palabras que representan tus metas y sueños. Colócalo en un lugar donde lo veas todos los días para mantener tus objetivos visualmente presentes. Este método es particularmente efectivo porque convierte tus aspiraciones en algo concreto, lo cual puede ser un recordatorio constante y motivador de tus objetivos. Al ver diariamente estas imágenes, tu mente se acostumbra a la idea de que estos sueños son alcanzables y parte de tu realidad.

Beneficios de la Visualización Efectiva

La visualización efectiva no solo ayuda en la consecución de metas a largo plazo, sino que también ofrece beneficios inmediatos, tales como:

- Ω Reducción del estrés y ansiedad: Visualizar escenarios pacíficos o exitosos puede ser una forma poderosa de gestionar el estrés y reducir la ansiedad.

- Ω Mejora del enfoque y la concentración: Al visualizar regularmente, entrenas tu mente para concentrarte en tareas específicas, lo que puede ayudar a mejorar tu capacidad de concentración en otras áreas de tu vida.

- Ω Incremento de la confianza: Al ver mentalmente que logras tus metas, aumenta tu confianza en tus capacidades, lo que puede impulsarte a tomar riesgos calculados y alcanzar mayores logros.

Integración de la Visualización en Tu Vida

Para integrar la visualización en tu vida diaria, considera estos pasos:

- Ω Establece un horario regular: Al igual que con cualquier otra técnica de desarrollo personal, la consistencia es clave. Dedica un tiempo específico cada día para practicar la visualización.

Ω Crea un ambiente propicio: Encuentra un lugar tranquilo donde no serás interrumpido. Esto puede ser en tu habitación, en un parque, o en cualquier lugar que encuentres relajante.

Ω Combina técnicas: No tengas miedo de combinar visualización guiada, creativa y tableros de visualización. Cada técnica puede reforzar y complementar a las otras.

Ω Evalúa y ajusta: Regularmente, evalúa si lo que estás visualizando aún resuena con tus verdaderos deseos y metas. Ajusta tus visualizaciones según sea necesario para reflejar cualquier cambio en tus aspiraciones o circunstancias.

Conclusión

Al dominar y aplicar estas técnicas de visualización, estarás equipado para enfrentar desafíos con mayor confianza y dirigir tu vida hacia tus metas más deseadas. La visualización es una herramienta poderosa que, cuando se utiliza correctamente, puede transformar no solo tu percepción mental y emocional, sino también tu realidad externa. Te animo a comenzar hoy y a experimentar cómo estas prácticas pueden cambiar tu vida.

Ejercicios Prácticos para la Visualización

Vamos a poner en práctica lo que hemos aprendido con algunos ejercicios que puedes empezar a implementar hoy. La visualización es una técnica poderosa que puede ayudarte a mejorar tu enfoque, reducir el estrés, y alcanzar tus metas con mayor eficacia. Aquí te presento algunos ejercicios específicos de visualización que puedes integrar en tu rutina diaria para empezar a ver cambios positivos en tu vida:

Ejercicio de Visualización Matutina

Cada mañana, dedica cinco minutos para visualizar cómo te gustaría que transcurra tu día. Imagina todo funcionando perfectamente, desde completar tus tareas más importantes hasta tener interacciones positivas con otros. Visualiza cada detalle de tu día ideal, desde el momento en que te levantas hasta que te acuestas. Siente la satisfacción de un día productivo y alegre. Esto te preparará mentalmente para hacer que suceda, estableciendo un tono positivo para el resto del día.

Cómo hacerlo:

Ω Encuentra un lugar tranquilo donde puedas sentarte sin interrupciones.

Ω Cierra los ojos y toma algunas respiraciones profundas para centrarte.

Ω Comienza a imaginar tu día desde el principio hasta el final. Visualiza logrando tus metas diarias con facilidad y disfrutando de interacciones agradables.

Ω Concluye tu sesión con una afirmación positiva sobre tu capacidad para hacer del día un éxito.

Visualización de Objetivos a Largo Plazo

Una vez a la semana, dedica un tiempo más prolongado (quizás 20 minutos) para visualizar uno de tus objetivos a largo plazo. Imagina que ya has alcanzado ese objetivo y vive ese momento en tu mente. Siente las emociones asociadas con el logro de tu meta, ya sea orgullo, alegría, o gratitud. Piensa en quién está contigo en ese momento y qué estás haciendo. Visualizarte alcanzando tus metas más significativas puede aumentar enormemente tu motivación y proporcionarte un mapa mental claro de lo que necesitas hacer para llegar allí.

Cómo hacerlo:

Ω Elige un objetivo a largo plazo que sea especialmente importante para ti.

Ω Encuentra un lugar tranquilo y asegúrate de que no serás interrumpido.

Ω Cierra los ojos y comienza a imaginar cómo te sientes al alcanzar tu meta. Detalla la escena lo más posible.

Ω Mantén esta imagen en tu mente durante varios minutos,

sumergiéndote en la experiencia y las emociones positivas.

Repetición Diaria

La clave para la visualización efectiva es la consistencia. Intenta hacerla todos los días, incluso si es solo por unos minutos. Dedicar tiempo regularmente a visualizar tus metas refuerza tus visiones y fortalece tu creencia en la posibilidad de alcanzarlas. Esto puede aumentar tu motivación y confianza para seguir avanzando hacia tus metas, independientemente de los desafíos que puedas enfrentar.

Cómo hacerlo:

Ω Establece un horario diario para tu práctica de visualización, idealmente en un momento en que no estés apurado o distraído.

Ω Usa recordatorios en tu teléfono o en tu agenda para ayudarte a mantener el compromiso.

Ω Varía tus sesiones de visualización entre metas a corto y largo plazo para mantener las sesiones interesantes y relevantes.

Beneficios a Largo Plazo

Estos ejercicios de visualización, cuando se realizan de manera consistente, pueden ofrecer numerosos beneficios, como un aumento en la claridad mental, una mejor gestión del estrés, y una mayor eficacia en la consecución de objetivos. Al visualizar regularmente, te estás preparando mentalmente para el éxito, alineando tus pensamientos y emociones con tus acciones y objetivos.

Integrar estas prácticas en tu vida no solo te ayudará a lograr lo que te propones, sino que también transformará tu actitud general ante la vida, haciéndote más resiliente y enfocado. Así que, ¿por qué no comenzar hoy y ver cómo la visualización puede cambiar tu vida?

La visualización es más que solo soñar despierto; es una práctica activa que puede transformar tu realidad. Al igual que cualquier otra habilidad, cuanto más la practiques, más natural se volverá y más impacto tendrá en tu vida. Así que te invito a tomarte este capítulo en serio y realmente comprometerte con las prácticas aquí descritas. No solo estarás soñando tu vida, sino activamente creándola.

¿Estás listo para ver hasta dónde te pueden llevar tus visiones? Espero que sí, Vamos a visualizar, alcanzar y superar nuestras metas juntos.

Capítulo 4: Declaración de Intenciones

En este emocionante capítulo, vamos a conocer el poder de las declaraciones de intenciones. Si alguna vez has sentido que tus metas y sueños están un poco fuera de tu alcance, o si te has preguntado cómo podrías hacerlos más tangibles y alcanzables, entonces estás en el lugar correcto. Aquí, vamos a explorar cómo la simple acción de verbalizar tus objetivos puede transformar la forma en que te acercas a ellos y, lo más importante, cómo te prepara para lograrlos.

La Importancia de Declarar Objetivos

Primero, hablemos sobre por qué declarar tus objetivos es tan crucial. Cuando verbalizas algo, no solo estás lanzando tus pensamientos al universo, estás también ordenando a tu cerebro que preste atención. Esto se conoce como el efecto de la realidad percibida: lo que dices influye en cómo ves el mundo y en cómo el mundo te responde. Declarar tus objetivos te ayuda a clarificarlos y a comprometerte más profundamente con ellos.

Estudios han mostrado que las personas que verbalizan sus metas tienen una probabilidad significativamente mayor de alcanzarlas en comparación con aquellas que no lo hacen. Esto se debe a que cuando haces tus intenciones públicas, creas un sistema de responsabilidad, no solo contigo mismo sino también con aquellos que han escuchado tu declaración.

La Psicología de Declarar Objetivos

La acción de declarar tus objetivos públicamente activa varios principios psicológicos que pueden motivarte a trabajar más duro para alcanzarlos. Aquí hay algunas razones psicológicas por las que esto es efectivo:

Ω Compromiso Público: Al compartir tus objetivos con otros, estás creando una expectativa externa. Esto puede aumentar tu motivación para cumplir tus metas para evitar la disonancia cognitiva, es decir, la incomodidad que se siente cuando tus acciones no están alineadas con tus palabras.

Ω Claridad y Dirección: Verbalizar tus metas te obliga a definirlas claramente. No puedes declarar un objetivo vago; al hacer tus metas específicas y claras, te das un camino más definido a seguir.

Ω Refuerzo Positivo: Cada vez que hablas sobre tus objetivos, recibes un recordatorio de tu compromiso. Además, cualquier feedback positivo que recibas puede reforzar tu motivación y aumentar tu confianza en tus habilidades para lograr esos objetivos.

Técnicas para Declarar Objetivos Efectivamente

Para aprovechar al máximo el acto de declarar tus objetivos, 65 considera estas técnicas:

Sé Específico: Tus metas deben ser claras y medibles. Por ejemplo, en lugar de decir "quiero ser más saludable", di "quiero perder 10 kilos en 6 meses comiendo saludablemente y ejercitándome regularmente".

Elige un Medio Apropiado: Dependiendo de tus metas, decide dónde es mejor declararlas. Puede ser en un grupo de soporte, en una red social, con un amigo de confianza, o incluso en un blog personal. Elige un lugar donde sientas apoyo y motivación.

Establece Revisiones Regulares: No basta con declarar tus metas una vez; establece puntos de control regulares para evaluar tu progreso. Esto no solo te mantiene en el camino correcto, sino que también te permite ajustar tus planes según sea necesario.

Ejemplos de Cómo Declarar Objetivos Ha Cambiado Vidas

Numerosos estudios y anécdotas personales resaltan cómo personas de diversas profesiones y orígenes han logrado un éxito significativo al hacer públicas sus metas. Desde atletas que comparten sus objetivos de entrenamiento y competición, hasta empresarios que delinean sus visiones empresariales en conferencias, el denominador común es el éxito mejorado a través de la responsabilidad y el soporte comunitario.

Incorporando la Declaración de Metas en Tu Vida Diaria

Para empezar a utilizar esta poderosa herramienta, intenta incorporar la práctica de declarar tus metas en tu rutina diaria. Puede comenzar con algo pequeño, como declarar tus intenciones para el día cada mañana, y gradualmente aumentar a metas más grandes y a largo plazo. Al hacerlo, no solo te beneficiarás de una mayor claridad y motivación, sino que también construirás una red de soporte que puede ayudarte a navegar por los desafíos en el camino hacia tus metas.

Conclusión

Declarar tus objetivos no es solo un acto de valentía; es una estrategia práctica y fundamentada psicológicamente que puede aumentar significativamente tus posibilidades de éxito. Al hacer tus metas públicas, no solo estás buscando soporte externo, sino que también estás involucrándote en un compromiso profundo contigo mismo para hacer realidad tus sueños. A medida que te acostumbras a esta práctica, podrás ver cambios tangibles en tu capacidad para lograr lo que te propones.

Cómo Crear Declaraciones de Intenciones Efectivas

Ahora que entendemos por qué las declaraciones de intenciones son importantes, veamos cómo puedes crear declaraciones que no solo sean claras, sino también motivadoras. Crear declaraciones efectivas es un arte que requiere precisión, claridad, y un enfoque en la positividad, lo cual puede transformar la forma en que persigues tus objetivos y te enfrentas a tus desafíos diarios.

Cómo Crear Declaraciones Efectivas

Sé Específico: Tus declaraciones deben ser precisas. En lugar de decir "quiero ser feliz" o "quiero tener éxito", define qué significa exactamente eso para ti. Esto te ayudará a visualizar el resultado deseado y te proporcionará un camino claro hacia tus metas. Por ejemplo, decir "Quiero avanzar a un puesto de gerente en mi trabajo para el final de este año" o "Quiero completar mi maratón en menos de cuatro horas" ofrece un objetivo claro y medible que puedes perseguir.

Hazlas Medibles: Parte de ser específico es asegurarse de que tus objetivos sean medibles. De esta manera, puedes ver el progreso concreto hacia tus metas y ajustar tus esfuerzos si es necesario. Por ejemplo, si tu objetivo es mejorar tu salud, podrías decir "Quiero bajar 10 kilos en los próximos seis meses". Esto te permite rastrear tu avance y te mantiene motivado.

Asegúrate de que sean Alcanzables: Mientras que es importante desafiarte a ti mismo, es crucial que tus metas también sean realistas y alcanzables. Esto te ayudará a mantenerte motivado y evitará la frustración que viene con metas inalcanzables. Establece metas que requieran esfuerzo pero que estén dentro de tu capacidad de alcanzar.

Relacionadas con el Tiempo: Incorporar un marco de tiempo específico en tus declaraciones crea un sentido de urgencia y puede impulsarte a actuar. Tener un plazo establecido también ayuda a priorizar tareas y gestionar mejor tu tiempo.

1.3. Es crucial expresar tus metas de manera positiva. En lugar de decir "No quiero estar estresado", di "Quiero vivir una vida tranquila y centrada". Esto fomenta una actitud positiva y te centra en lo que deseas alcanzar, en lugar de lo que quieres evitar.

Prácticas Diarias para Incorporar Declaraciones de Intenciones

Incorporar declaraciones de intenciones en tu rutina diaria no tiene que ser complicado. Aquí hay algunas prácticas sencillas que puedes empezar hoy:

Ω Diario de Metas: Dedica unos minutos cada mañana para

escribir tus metas en un diario. Esto no solo te ayuda a mantener tus objetivos en mente durante el día, sino que también refuerza tu compromiso con ellos.

Ω Recordatorios Visuales: Coloca recordatorios de tus metas en lugares donde los verás regularmente, como en tu espejo, en la pantalla de tu computadora, o en la puerta de tu refrigerador. Esto puede ayudarte a mantener tus metas presentes y a centrarte en lo que realmente deseas lograr.

Ω Revisión de Metas Nocturna: Antes de ir a la cama, toma un momento para revisar las metas que escribiste por la mañana. Reflexiona sobre lo que hiciste ese día para acercarte a tus metas. Esto no solo te proporciona una sensación de logro, sino que también te prepara para continuar tus esfuerzos al día siguiente.

Ω Afirmaciones Diarias: Junto con tus metas, declara afirmaciones que refuercen tu capacidad para alcanzarlas. Por ejemplo, si tu meta es avanzar profesionalmente, podrías afirmar algo como "Soy competente y valioso en mi trabajo".

Ω Celebra los Pequeños Éxitos: Cada vez que logres un pequeño objetivo en el camino hacia tu meta más grande, tómate un momento para celebrarlo. Esto puede aumentar significativamente tu motivación y tu confianza en ti mismo.

Al crear declaraciones de intenciones claras, medibles y positivas, y al incorporar estas prácticas en tu vida diaria, estarás en una posición mucho mejor para alcanzar tus metas y transformar tu vida de manera significativa. Estas técnicas te permitirán no solo establecer metas, sino también vivir de manera intencional, cada día moviéndote hacia la vida que deseas crear.

La declaración de intenciones es mucho más que simplemente Hablar sobre tus deseos no es simplemente una cuestión de expresar tus pensamientos al aire; es un enfoque activo y potente para la realización de tus sueños. Al crear declaraciones claras y motivadoras y al integrarlas en tu vida diaria, estás construyendo un puente entre tus sueños y la realidad. Esta práctica transforma deseos intangibles en objetivos concretos y trazables, fomentando un camino realista hacia el logro de tus metas.

La Importancia de Verbalizar Tus Deseos

Verbalizar tus deseos es un paso crucial en el proceso de convertir tus sueños en realidad. Cuando articulas lo que quieres, no solo estás informando a otros; estás también comprometiéndote más profundamente contigo mismo y con tus objetivos. Este acto de hablar sobre tus deseos ayuda a clarificar y solidificar tus intenciones, lo que puede transformar tu enfoque y energía hacia actividades productivas y orientadas a resultados.

Clarificación de Objetivos: Expresar tus deseos te obliga a definir y precisar exactamente lo que quieres lograr. Este proceso de clarificación es vital porque transforma ideas vagas en metas específicas.

Compromiso Reforzado: Al verbalizar tus metas, estás haciendo una declaración de intenciones no solo a ti mismo sino también a otros. Esto añade una capa de compromiso y responsabilidad, incrementando las probabilidades de que tomes medidas concretas hacia tus metas.

Activación del Efecto de la Realidad Percibida: Hablar de tus deseos activa lo que se conoce como el "efecto de la realidad percibida". Esto significa que cuanto más hablas sobre algo, más real y alcanzable parece. En el proceso, tu cerebro comienza a trabajar en maneras de hacer esos deseos una realidad, identificando oportunidades y recursos que podrían haber pasado desapercibidos.

Cómo Crear Declaraciones Efectivas

Para que tus declaraciones sean efectivas y realmente te impulsen hacia tus sueños, deben ser cuidadosamente formuladas:

Ω Específicas y Medibles: Tus declaraciones deben ser claras y cuantificables. En lugar de decir "quiero ser más exitoso", especifica qué significa el éxito para ti, como "quiero incrementar mis ingresos en un 30% en el próximo año" o "quiero obtener una promoción a gerente antes de fin de año".

Ω Realistas y Alcanzables: Asegúrate de que tus metas sean

realistas y alcanzables dentro del tiempo que te has propuesto. Establecer metas imposibles puede llevar a la frustración y al desánimo.

Ω Positivas y Motivadoras: Exprésate en términos positivos y asegúrate de que tus declaraciones te motiven y te inspiren. El tono de tus declaraciones puede afectar tu actitud y emociones, impulsándote hacia adelante o reteniéndote.

Integración Diaria de Declaraciones de Intenciones

Integrar la práctica de declarar tus intenciones en tu vida diaria puede ser hecho de varias maneras eficaces:

Ω Diario de Metas: Mantén un diario donde cada día escribas y revises tus metas. Esto no solo te ayuda a mantener un enfoque claro, sino que también refuerza tu compromiso con tus objetivos.

Ω Afirmaciones Matutinas: Comienza cada día con afirmaciones que reflejen tus metas y deseos. Esto puede establecer un tono positivo y enfocado para el día.

Ω Revisión Nocturna: Cada noche, antes de dormir, revisa tus progresos y reafirma tus metas. Reflexiona sobre lo que has logrado y lo que necesitas hacer para seguir avanzando.

1.4. Dedica tiempo regularmente para visualizar tus metas como ya realizadas. Imagina detalladamente cómo te sientes y qué estás haciendo una vez que tus sueños se hayan cumplido.

Conclusión

Crear declaraciones claras y motivadoras es una técnica poderosa para hacer realidad tus sueños. Al verbalizar tus deseos y integrar estas declaraciones en tu vida diaria, estás no solo estableciendo un compromiso firme con tus metas, sino también activando recursos cognitivos y emocionales que te impulsan hacia el éxito. Recuerda, el poder de la palabra puede transformar pensamientos en acciones y sueños en realidades. Comienza hoy a verbalizar tus deseos y a trabajar hacia la vida que deseas.

Espero que este capítulo te haya proporcionado las herramientas y la inspiración necesaria para comenzar a hacer de tus sueños una realidad. Con cada declaración que hagas, estás un paso más cerca de convertirte en la persona que deseas ser. Así que, ¿qué estás esperando? Declara tus metas, comprométete con ellas, y observa cómo se despliega la magia. ¡Adelante, tú puedes hacerlo!

Capítulo 5: Rompiendo Malos Hábitos

¿Estás listo para hacer algunos cambios reales y duraderos en tu vida? Bueno, estás en el capítulo correcto. En este capítulo, vamos a abordar uno de los mayores desafíos en el camino hacia la mejora personal: romper malos hábitos. Todos tenemos hábitos que nos gustaría cambiar, ya sean pequeños como morderse las uñas, o más grandes como procrastinar o gestionar mal nuestro tiempo. Aquí, te ayudaré a identificar esos hábitos, entender por qué persisten y, lo más importante, te mostraré cómo puedes romperlos y reemplazarlos con nuevos hábitos que fomenten tu crecimiento personal.

Identificación de Hábitos Negativos

Antes de poder cambiar un mal hábito, primero debes ser capaz de identificarlo claramente. Esto puede ser más difícil de lo que parece, ya que muchos malos hábitos son automáticos y están profundamente arraigados en nuestra rutina diaria. Para comenzar el proceso de cambio, es crucial primero entender y reconocer estos hábitos, algo que requiere una combinación de autoconciencia y análisis honesto.

Identificación de Malos Hábitos

Los malos hábitos pueden variar desde pequeñas prácticas ineficientes hasta comportamientos destructivos que afectan gravemente nuestra salud y bienestar. Identificar estos hábitos es el primer paso crucial hacia el cambio positivo. Aquí te ofrecemos algunas estrategias para ayudarte a reconocer los hábitos que podrían estar saboteando tu calidad de vida:

Ω Reflexión Personal: Dedica tiempo a reflexionar sobre tus rutinas diarias. Observa qué actividades realizas desde el momento en que te despiertas hasta que te vas a dormir. Pregunta si estas actividades te acercan a tus metas o te alejan de ellas.

Ω Diario de Hábitos: Lleva un diario de tus actividades diarias y tus estados emocionales asociados. Esto puede ayudarte a identificar patrones de comportamiento que repetidamente conducen a resultados negativos.

Ω Feedback de Otros: A veces, otros pueden ver más claramente los hábitos que nosotros mismos no podemos identificar. Pide a amigos, familiares o colegas que te den su opinión honesta sobre lo que ven como tus hábitos potencialmente negativos.

Ω Identificación de Disparadores: Reconoce los disparadores que incitan a tu comportamiento habitual. Un disparador puede ser un evento específico, una emoción, una persona o incluso un lugar específico que incite el hábito que deseas cambiar.

Comprendiendo la Naturaleza de los Hábitos

Para cambiar eficazmente un mal hábito, también es 77

importante entender cómo se forman y se mantienen estos comportamientos. Los hábitos se desarrollan porque el cerebro está siempre buscando maneras de ahorrar esfuerzo. Un hábito se forma a través de un bucle que consta de tres partes: el disparador, la rutina (el comportamiento en sí) y la recompensa (un beneficio que ayuda a que el cerebro recuerde y repita el hábito).

Desafíos en el Camino

Reconocer y cambiar malos hábitos puede ser un proceso desafiante por varias razones:

Ω Resistencia al Cambio: El cambio es naturalmente incómodo para muchos, y los hábitos ofrecen una forma de consistencia y previsibilidad.

Ω Falta de Conciencia: Muchos hábitos ocurren a nivel subconsciente, lo que significa que puedes no estar conscientemente al tanto de ellos hasta que causan problemas significativos.

Ω Recompensas a Corto Plazo: Los malos hábitos a menudo ofrecen gratificaciones inmediatas, lo que los hace especialmente difíciles de romper.

Estrategias para Cambiar Malos Hábitos

Una vez identificados, cambiar estos hábitos requiere un enfoque
sistemático y decidido:

Ω Sustitución de Hábitos: Reemplaza un mal hábito con uno bueno. Por ejemplo, si tienes el hábito de comer snacks poco saludables cuando estás estresado, trata de sustituir esos snacks por opciones saludables.

Ω Cambio de Entorno: Modifica tu entorno para eliminar tantos disparadores como sea posible. Si los dulces son tu debilidad, no los tengas en casa.

Ω Refuerzo Positivo: Premia tus logros. Cada vez que evites un mal hábito, dáte una pequeña recompensa para reforzar el comportamiento positivo.

Ω Apoyo y Responsabilidad: Comparte tus metas de cambiar hábitos con amigos o familiares que puedan ofrecerte apoyo y mantenerte responsable.

Conclusión

El proceso de cambiar malos hábitos comienza con la identificación clara de estos comportamientos. Aunque este proceso puede ser difícil y a menudo incómodo, es esencial para lograr un cambio duradero y significativo en tu vida. Al comprometerte a entender y modificar tus hábitos, no solo mejorarás tu calidad de vida, sino que también te empoderarás para tomar control de tus acciones y, en última instancia, de tu destino.

¿Qué hace un hábito 'malo'?

Un mal hábito es cualquier comportamiento repetitivo que sea perjudicial para ti física, mental o emocionalmente, o que te impida alcanzar tus objetivos. Los hábitos son poderosos porque pueden influir significativamente en nuestra calidad de vida, bienestar y productividad. Algunos ejemplos de malos hábitos incluyen comer en exceso o de manera poco saludable, fumar, pasar demasiado tiempo en dispositivos electrónicos, procrastinar, saltarse el ejercicio, y no dormir lo suficiente. Estos comportamientos pueden parecer benignos o rutinarios, pero a largo plazo pueden tener consecuencias serias para nuestra salud y felicidad.

Reconociendo Tus Malos Hábitos

El primer paso para cambiar cualquier mal hábito es reconocerlo. Esto puede ser más difícil de lo que parece, ya que muchos comportamientos negativos son automáticos y están profundamente arraigados en nuestra rutina diaria. Aquí te ofrezco algunas estrategias para comenzar a reconocer tus malos hábitos:

Ω Lleva un Diario: Durante una semana, lleva un diario de tus actividades diarias y anota todo lo que haces que sientas que podría ser un mal hábito. No te juzgues, solo observa. Esto te ayudará a tomar conciencia de tus comportamientos y a identificar patrones que quizás no hayas notado antes.

Ω Solicita Feedback Externo: Pregunta a amigos o familiares cercanos que te den su perspectiva. A menudo, ellos pueden ver cosas que uno mismo no puede ver. Escuchar cómo tus comportamientos son percibidos por otros puede ser un poderoso catalizador para el cambio.

Ω Identifica los Disparadores: Intenta determinar qué situaciones, momentos del día, o emociones desencadenan tus malos hábitos. Comprender los disparadores es crucial para poder gestionar o eliminar el hábito.

Impacto de los Malos Hábitos

Los malos hábitos no sólo afectan negativamente nuestra salud física; también tienen un impacto considerable en nuestra salud mental y emocional. Por ejemplo, la procrastinación puede llevar a un ciclo de estrés y culpa que afecta nuestra autoestima y eficacia personal. Igualmente, la falta de sueño puede afectar nuestro estado de ánimo, nuestro rendimiento laboral y nuestra salud general.

Cambiando los Malos Hábitos

Una vez que has identificado tus malos hábitos, puedes comenzar a trabajar en cambiarlos. Aquí hay algunas técnicas efectivas:

Ω Sustitución de Hábitos: Intenta reemplazar un mal hábito con uno bueno. Por ejemplo, si tiendes a comer en exceso 81 cuando estás estresado, prueba con técnicas de relajación como la meditación o el ejercicio en lugar de dirigirte a la comida.

Ω Establece Metas Claras: Define qué quieres lograr al cambiar tu hábito. Establece metas específicas, medibles y alcanzables.

Ω Busca Apoyo: No tienes que hacer estos cambios solo. Busca el apoyo de amigos, familiares, o incluso grupos de apoyo en línea que puedan ofrecerte consejos y motivación.

Ω Recompensas y Consecuencias: Establece un sistema de recompensas para cuando logres tus metas a corto plazo y consecuencias para cuando cedas a tus malos hábitos. Esto puede ayudarte a mantenerte en el camino correcto.

Ω Reflexión Constante: Continúa registrando tus progresos en un diario y ajustando tus métodos y metas según sea necesario.

Conclusión

Cambiar malos hábitos es un proceso desafiante que requiere tiempo, paciencia y dedicación. Sin embargo, al tomar medidas proactivas y aplicar estrategias efectivas, puedes superar comportamientos negativos y establecer nuevas rutinas que mejoren significativamente tu calidad de vida. Recuerda, cada pequeño paso en la dirección correcta te lleva más cerca de alcanzar tu versión ideal de ti mismo.

Al enfrentar y transformar tus malos hábitos, no solo cambias tus acciones, también cambias tu futuro.

Estrategias de Eliminación

Una vez que has identificado tus malos hábitos, el próximo paso es trabajar para eliminarlos. Esto no sucederá de la noche a la mañana y requerirá compromiso y consistencia.

Entiende el ciclo del hábito

Todo hábito tiene tres componentes principales que lo definen y sostienen. Comprender estos componentes es esencial para modificar comportamientos no deseados o fortalecer aquellos que son beneficiosos. Estos componentes son:

La señal (o disparador): Esto desencadena el hábito. Puede ser un lugar, una hora del día, ciertas personas, un estado emocional, etc. Este disparador es el que inicia el ciclo del hábito y es fundamental identificarlo si deseas cambiar un hábito.

La rutina: Es el comportamiento que realizas automáticamente cuando se presenta la señal. Esta es la acción física, mental o emocional que constituye el hábito en sí.

La recompensa: Es lo que tu cerebro obtiene del hábito, como placer, reducción de estrés, o incluso solo una distracción de la vida diaria. La recompensa es crucial porque es el motivo por el cual el cerebro decide recordar y valorar este hábito en particular.

Desglosando los Componentes del Hábito

La Señal o Disparador

La señal o disparador es el primer indicio que inicia el hábito. Por ejemplo, si tienes el hábito de comer snacks por la noche, el disparador puede ser el acto de sentarte a ver la televisión después de cenar. Otro ejemplo podría ser fumar un cigarrillo con el café de la mañana. Identificar estos disparadores es el primer paso crítico para cambiar tus hábitos, ya que te permite ser consciente de cuándo y por qué se activa un comportamiento particular.

La Rutina

La rutina es la parte del hábito que usualmente consideramos como el "hábito" en sí. Es la acción que realizas en respuesta al disparador. En el contexto de comer snacks por la noche, la rutina es el acto de comer. Para cambiar un hábito, no solo necesitas detener la rutina no deseada, sino también reemplazarla con una más saludable. Por ejemplo, en lugar de picar snacks poco saludables, podrías optar por comer una fruta o realizar una actividad relajante que no involucre comer.

La Recompensa

La recompensa es lo que reafirma el hábito y hace que quieras repetirlo. En muchos casos, la recompensa es inmediata, lo que fortalece el hábito en tu cerebro. Si comes snacks por la noche porque te sientes relajado y confortado al hacerlo, esa es la recompensa. Si quieres cambiar este hábito, necesitas encontrar una alternativa que ofrezca una recompensa similar, como tal vez una taza de té caliente o escuchar música relajante.

Implementación de Cambios en los Hábitos

1. Modificación de Disparadores:

Si logras cambiar el disparador, puedes evitar que se inicie la rutina. Esto puede significar cambiar tu entorno o tu rutina diaria para eliminar los disparadores que causan comportamientos no deseados.

2. Cambio de Rutinas:

Sustituir una rutina negativa por una positiva es esencial. Necesitas planificar conscientemente qué nueva acción realizarás cuando te enfrentes al disparador habitual.

3. Nuevas Recompensas:

Identifica nuevas recompensas que satisfagan las mismas necesidades que las antiguas pero de manera más saludable y sostenible. Por ejemplo, si fumar te relaja, considera técnicas de relajación como la meditación o ejercicios de respiración para obtener una recompensa similar sin los daños asociados con el cigarrillo.

Conclusión

Entender los componentes de tus hábitos es esencial para modificarlos efectivamente. Al desglosar cada hábito en sus componentes de señal, rutina y recompensa, puedes identificar qué necesitas cambiar y cómo puedes abordar cada elemento para crear cambios duraderos en tu vida. A través de este enfoque estructurado y consciente, puedes transformar tus hábitos de manera que apoyen tus objetivos de vida, mejorando así tu salud, bienestar y satisfacción general.

Método paso a paso para romper el ciclo

Ω Identifica la señal: Observa cuándo y dónde ocurre el hábito. ¿Qué situaciones lo desencadenan? Cambia la rutina: Reemplaza el mal hábito con un comportamiento más positivo que ofrezca una recompensa similar. Por ejemplo, si tiendes a comer en exceso cuando estás estresado, prueba hacer una caminata rápida en su lugar. Refuerza la nueva rutina: Haz que la nueva acción sea tan gratificante como sea posible para que tu cerebro comience a asociar la nueva rutina con la recompensa.

El proceso de cambiar hábitos puede ser complejo y multifacético, pero al comprender y aplicar estrategias específicas centradas en cada componente del hábito —la señal, la rutina y la recompensa— puedes aumentar significativamente tus posibilidades de éxito. A continuación, vamos a explorar cada uno de estos pasos en detalle, proporcionando un marco más amplio que te ayudará a comprender mejor cómo implementar cambios duraderos.

1. Identificación de la Señal

El primer paso para cambiar cualquier hábito es identificar la señal o el disparador que inicia el comportamiento. Este disparador puede ser un momento específico del día, una situación emocional, un lugar particular, o incluso la presencia de ciertas personas. Observar cuidadosamente tus patrones de comportamiento te ayudará a detectar qué desencadena tu hábito no deseado. Es crucial ser muy detallado en esta observación, ya que entender el contexto completo de tu hábito te proporcionará las claves para cambiarlo.

Cómo hacerlo efectivo:

- Ω Lleva un diario durante una semana y registra cuándo y dónde se manifiesta el hábito.

- Ω Anota qué estabas haciendo, con quién estabas y cómo te sentías en ese momento.

- Ω Busca patrones que se repiten y que puedan darte pistas sobre tus disparadores habituales.

2. Cambio de la Rutina

Una vez identificado el disparador, el siguiente paso es modificar la rutina —el comportamiento que realizas en respuesta al disparador. Este es el núcleo del hábito y puede ser el más desafiante de cambiar. Reemplazar un hábito negativo con uno más positivo que satisfaga la misma necesidad es clave aquí. Esto significa encontrar una alternativa que sea tan satisfactoria como el hábito original pero que tenga efectos beneficiosos para ti.

Cómo hacerlo efectivo:

- Ω Define claramente la nueva rutina que quieres adoptar. Asegúrate de que sea específica y realista.

- Ω Planifica cómo implementarás esta nueva rutina en respuesta al disparador identificado.

Ω Considera las barreras potenciales que podrían impedirte realizar la nueva rutina y cómo podrías superarlas.

3. Refuerzo de la Nueva Rutina

El último paso es asegurarte de que la nueva rutina esté reforzada con una recompensa satisfactoria. La recompensa es fundamental porque es lo que motiva al cerebro a adoptar la nueva rutina en el futuro. Asegúrate de que la recompensa sea inmediata y gratificante, para fomentar la repetición del nuevo comportamiento hasta que se convierta en un hábito en sí mismo.

Cómo hacerlo efectivo:

Ω Elige una recompensa que verdaderamente valore y que sea un incentivo efectivo para mantener la nueva rutina.

Ω Integra la recompensa inmediatamente después de completar la nueva rutina, para fortalecer la conexión en tu cerebro.

Ω Sé consistente con la recompensa al principio para establecer firmemente el nuevo hábito.

Modificar hábitos requiere un enfoque intencionado y estratégico que aborde todas las partes del proceso de formación de hábitos. Al entender y manipular conscientemente las señales, las rutinas y las recompensas, puedes reescribir efectivamente los patrones de comportamiento en tu vida. Este proceso no solo te empodera para hacer cambios significativos en tus hábitos actuales, sino que también te equipa con las habilidades para ajustar tu comportamiento de manera proactiva en el futuro.

Sustitución por Hábitos Positivos

Reemplazar un viejo hábito con un nuevo hábito positivo es crucial porque simplemente tratar de dejar de hacer algo, sin llenar ese espacio con una nueva acción, puede dejar un vacío que hace fácil recaer en viejos patrones. Este enfoque integral hacia el cambio de hábitos, que implica no solo eliminar el hábito no deseado sino también sustituirlo por uno beneficioso, es esencial para lograr una transformación sostenible y efectiva en tu comportamiento y en tu vida en general.

La Importancia de Reemplazar Hábitos

La naturaleza aborrece el vacío, y lo mismo ocurre con nuestros patrones de comportamiento. Cuando eliminas un hábito y no lo reemplazas por otro, dejas un espacio que puede llenarse fácilmente con antiguos comportamientos. Por ejemplo, si intentas dejar de fumar pero no encuentras una alternativa para manejar el estrés y la ansiedad que solías aliviar con el cigarrillo, es probable que vuelvas a fumar.

Este proceso de reemplazo de hábitos no solo ayuda a evitar recaídas en comportamientos anteriores sino que también facilita la transición hacia un estilo de vida más saludable y productivo. Al introducir un nuevo hábito que cumpla con la misma necesidad que el viejo hábito, puedes hacer que el cambio sea menos disruptivo y más sostenible.

Cómo Reemplazar Efectivamente un Viejo Hábito

Identifica la Necesidad Subyacente: Comprende qué necesidad o función cumplía el viejo hábito. Si fumabas para relajarte, tu nuevo hábito deberá ayudarte a gestionar el estrés.

Elige un Sustituto Apropiado: Selecciona un nuevo hábito que sea saludable y satisfaga la misma necesidad básica. Por ejemplo, en lugar de fumar, podrías comenzar a practicar meditación o hacer ejercicios de respiración para relajarte.

Ω Integra el Nuevo Hábito de Manera Gradual: Introduce el nuevo hábito poco a poco. Si tu objetivo es correr para reemplazar el tiempo que pasabas viendo televisión, comienza con caminatas cortas y aumenta gradualmente la intensidad y duración de la actividad.

Ω Recompensa el Progreso: Establece recompensas para motivarte a mantener el nuevo hábito. Por ejemplo, si completas una semana entera sin fumar y reemplazando ese tiempo con meditación, prémiate con algo que disfrutes, como una salida al cine o una pequeña compra.

Ω Monitorea y Ajusta: Mantén un registro de tu progreso

y observa cómo el nuevo hábito impacta en tu vida. Sé flexible y dispuesto a ajustar tu enfoque si el nuevo hábito no está satisfaciendo completamente la necesidad o si no es completamente efectivo.

Desafíos en el Proceso de Reemplazo

El proceso de reemplazo de hábitos puede venir con varios desafíos, incluyendo:

Ω Resistencia al Cambio: El cambio es difícil y puede generar resistencia tanto interna como externa. Mantente consciente de tus emociones y busca apoyo si es necesario.

1.5. Las recaídas pueden ocurrir, especialmente en momentos de estrés o cambio. No te desanimes; en lugar de eso, usa la recaída como una oportunidad para aprender y fortalecer tu compromiso con el nuevo hábito.

1.6. Los resultados pueden tardar en manifestarse. Mantén una perspectiva a largo plazo y celebra los pequeños logros en el camino.

Conclusión

Reemplazar un viejo hábito con uno nuevo es un componente fundamental en el proceso de cambio de comportamiento. Este enfoque no solo te ayuda a evitar recaer en patrones antiguos, sino que también promueve un desarrollo personal positivo y duradero. Al implementar estas estrategias y prepararte para los desafíos inherentes, puedes aumentar significativamente tus probabilidades de éxito en la transformación de tus hábitos y, por extensión, de tu vida.

Cómo formar un nuevo hábito

El establecimiento de nuevos hábitos puede ser una poderosa forma de mejorar tu vida, aumentar tu productividad y fomentar una mayor satisfacción personal. Sin embargo, el cambio puede ser desafiante, especialmente cuando se trata de incorporar nuevos comportamientos en tu rutina diaria. Para hacer este proceso más manejable y exitoso, es crucial comenzar con pequeños pasos que puedas controlar y sostener a lo largo del tiempo.

Elige un Hábito Pequeño y Manejable

Comienza con algo pequeño que puedas lograr fácilmente y que contribuya a tu bienestar general. Escoger un hábito pequeño y realista es vital porque la consecución de metas asequibles puede motivarte a continuar y afrontar desafíos mayores en el futuro. Por ejemplo, si deseas mejorar tu salud física, podrías comenzar simplemente con el hábito de estirarte durante cinco minutos cada mañana. Este es un objetivo claro y fácil de lograr que puede tener un impacto significativo en tu bienestar sin sentirse abrumador.

Ancla Este Nuevo Hábito a una Actividad Existente

Conecta tu nuevo hábito a un hábito ya establecido. Esto se conoce como el método del anclaje y puede ser extremadamente efectivo para incorporar nuevos comportamientos en tu vida. Al vincular un nuevo hábito con una acción existente que ya es parte de tu rutina, reduces la cantidad de esfuerzo requerido para recordar realizar el nuevo comportamiento. Por ejemplo, si estás tratando de beber más agua, proponte beber un vaso cada vez que te tomes un descanso para ir al baño. Este enfoque aprovecha un hábito preexistente como recordatorio natural, facilitando la adopción del nuevo hábito.

Celebra Tus Éxitos

Cada vez que completes tu nuevo hábito, date una pequeña recompensa o simplemente toma un momento para reconocer tu esfuerzo. Celebrar tus logros es fundamental porque refuerza la conducta positiva en tu cerebro, lo que ayuda a hacer que el nuevo hábito sea más pegajoso. Esto se debe al refuerzo positivo, que es un principio poderoso en la psicología del comportamiento. Puede ser algo tan simple como tomarte un momento para sonreír y decirte a ti mismo "bien hecho", o podría involucrar algo más tangible, como darte un capricho pequeño o marcando tu progreso en una aplicación o un diario.

Expandiendo Tus Nuevos Hábitos

Una vez que hayas establecido con éxito un hábito pequeño, puedes comenzar a expandirlo gradualmente o añadir nuevos hábitos a tu rutina. Por ejemplo, una vez que te sientas cómodo con tu hábito de estiramientos matutinos, podrías aumentar el tiempo que pasas estirándote o añadir una breve sesión de meditación a continuación. La clave es hacer cambios incrementales que se acumulen con el tiempo para transformar positivamente tu estilo de vida sin sentirte abrumado por los cambios demasiado grandes, demasiado pronto.

Conclusión

Establecer nuevos hábitos no tiene que ser un proceso abrumador o frustrante. Al elegir hábitos pequeños y manejables, anclar estos nuevos hábitos a actividades ya establecidas, y celebrar tus éxitos, puedes mejorar significativamente tu capacidad para hacer cambios duraderos y positivos en tu vida. Recuerda, el cambio es un proceso y cada pequeño paso que das es un progreso hacia una versión mejor y más saludable de ti mismo.

Práctica diaria

La clave para cualquier cambio significativo es la consistencia. Sin ella, es difícil mantener el impulso y lograr resultados duraderos.

Aquí hay algunas maneras de incorporar la práctica de romper malos hábitos y formar nuevos en tu vida diaria, lo que te ayudará a mantener un enfoque constante y a maximizar tus posibilidades de éxito en cualquier transformación personal que desees emprender.

Establece Recordatorios

Una de las técnicas más efectivas para mantener la consistencia es establecer recordatorios que te ayuden a mantener tus nuevos comportamientos en primer plano. Aquí hay varias maneras de hacerlo:

Notas Adhesivas: Coloca notas adhesivas en lugares que frecuentes durante el día, como el espejo del baño, el monitor de tu computadora o la puerta de tu refrigerador. Estas notas pueden servir como recordatorios visuales rápidos y efectivos de tus nuevos hábitos.

Alarmas en el Teléfono: Configura alarmas o recordatorios en tu teléfono para momentos específicos del día cuando necesites realizar tu nuevo hábito. Esto es especialmente útil para hábitos que deseas incorporar en momentos precisos, como meditar por la mañana o hacer ejercicios de estiramiento por la noche.

Aplicaciones de Hábitos: Utiliza aplicaciones diseñadas para el seguimiento de hábitos, que no solo te recuerdan que debes realizar tu nuevo comportamiento, sino que también te permiten visualizar tu progreso a lo largo del tiempo. Estas aplicaciones pueden ser particularmente motivadoras, ya que muchas ofrecen recompensas virtuales por consistencia y logros.

Hazlo Público

Compartir tus metas con amigos o familiares puede aumentar enormemente tu sentido de responsabilidad. Aquí te explicamos cómo puede funcionar esto a tu favor:

Ω Soporte Social: Al compartir tus objetivos, puedes obtener apoyo y motivación de las personas que te rodean. Este soporte puede ser crucial en momentos de desmotivación o cuando enfrentas desafíos.

Saber que otras personas están al tanto de tus metas puede motivarte a mantener tus compromisos. Nadie quiere decepcionar a sus seres queridos o mostrar que no pudo cumplir con lo que dijo que haría.

Ω Compartir Logros y Desafíos: Mantén a tus amigos y familiares informados sobre tu progreso. Celebrar tus victorias juntos puede ser muy gratificante, mientras que compartir los desafíos puede ayudarte a encontrar soluciones que quizás no habrías considerado.

Reflexiona Sobre Tu Progreso

Tomar tiempo al final del día para reflexionar sobre tus acciones puede proporcionarte insights valiosos sobre lo que funciona y lo que no. Aquí hay algunas pautas para hacer efectiva esta reflexión:

- Ω Diario de Reflexión: Mantén un diario donde anotes tus experiencias diarias con tus nuevos hábitos. Anota tanto los éxitos como los fracasos, y reflexiona sobre por qué ocurrieron.

- Ω Ajusta Tu Enfoque: Basado en tu diario, determina si necesitas hacer ajustes en tu enfoque. Tal vez descubras que necesitas cambiar el momento del día en que practicas tu hábito o quizás necesites encontrar nuevas maneras de incorporar las recompensas.

- Ω Celebra Pequeños Éxitos: Reconoce y celebra incluso los pequeños logros. Esto no solo te proporcionará una sensación de avance, sino que también reforzará tu motivación para continuar.

Incorporar nuevos hábitos y romper con los viejos es un proceso que requiere tiempo, paciencia y, sobre todo, consistencia. Al establecer recordatorios, hacer públicas tus intenciones y reflexionar regularmente sobre tu progreso, puedes estructurar tu entorno de una manera que apoye y refuerce tus esfuerzos de cambio. Recuerda, el cambio duradero rara vez ocurre de la noche a la mañana, pero con compromiso y estrategias adecuadas, puedes lograr transformaciones significativas en tu vida.

Romper malos hábitos y formar nuevos es un proceso de

autodescubrimiento y crecimiento. No te desanimes por los contratiempos; cada paso, incluso los pasos en falso, es parte del proceso de aprendizaje. Con paciencia, compromiso y un enfoque positivo, estarás bien equipado para convertir tus acciones en reflexiones de la persona que aspiras ser. Sigamos adelante juntos, apoyándote en cada cambio y celebrando cada pequeña victoria. ¡Adelante, tú puedes hacerlo!

Capítulo 6: Cultivando el Pensamiento Positivo

Si has llegado hasta aquí, estás claramente comprometido a hacer cambios significativos en tu vida. En este capítulo, nos centraremos en una de las habilidades más poderosas que puedes desarrollar: el pensamiento positivo. No se trata solo de "ver el vaso medio lleno" o de ignorar problemas reales. El pensamiento positivo es una práctica estratégica que puede mejorar significativamente tu calidad de vida y tu éxito en todos los ámbitos. Vamos a descubrir juntos cómo una actitud positiva puede transformar tu realidad, cómo puedes fomentarla diariamente y cómo puedes evitar las trampas del pensamiento negativo.

Beneficios del Optimismo

Primero, hablemos de por qué el optimismo es tan poderoso. Los estudios muestran que las personas con una disposición más positiva tienden a ser más saludables, tienen relaciones más sólidas y pueden manejar el estrés de manera más efectiva. Pero, ¿sabías que también puede influir en tu éxito profesional y personal?

El optimismo no es simplemente una manera de ver el mundo con una sonrisa; es una herramienta poderosa que tiene un impacto tangible en nuestra vida diaria y en nuestro futuro. Aquí exploraremos en profundidad cómo el optimismo puede ser una fuerza transformadora en tu vida, ayudándote no solo a sentirte mejor sino también a alcanzar mayores logros en todas las áreas.

El Impacto del Optimismo en la Salud

Numerosos estudios han demostrado que el optimismo puede tener un efecto significativo en nuestra salud física. Las personas optimistas tienden a experimentar mejor salud cardiovascular, una menor incidencia de enfermedades como la depresión y la ansiedad, y una mayor longevidad. El optimismo ayuda a reducir el estrés crónico, que es conocido por su impacto negativo en el sistema inmunológico, el corazón y otros sistemas del cuerpo.

Cómo el Optimismo Afecta la Salud:

Ω Respuestas al Estrés: Los optimistas suelen manejar el estrés de manera más efectiva, utilizando estrategias de afrontamiento que promueven una recuperación más rápida y menos desgaste en el cuerpo.

Ω Conductas Saludables: Las personas optimistas están más motivadas para adoptar y mantener comportamientos saludables, como la alimentación equilibrada, el ejercicio regular y el sueño adecuado.

Optimismo y Relaciones

En el ámbito de las relaciones personales, el optimismo puede ser un factor crucial para desarrollar y mantener conexiones sólidas y significativas. Las personas optimistas son generalmente percibidas como más agradables y confiables, lo que las hace más atractivas como amigos, parejas y colegas.

Beneficios del Optimismo en las Relaciones:

Ω Resiliencia en las Relaciones: El optimismo fomenta una perspectiva positiva frente a los desafíos, lo que es esencial para superar los conflictos en cualquier relación.

Ω Mejor Comunicación: Los optimistas tienden a enfocarse en soluciones y a comunicarse de manera efectiva, evitando culpas y resentimientos.

Optimismo en el Trabajo y el Éxito Profesional

En el mundo profesional, el optimismo no solo mejora el desempeño individual, sino que también puede influir positivamente en el ambiente de trabajo y en la eficacia del equipo. Los líderes optimistas inspiran a sus equipos, fomentan un mejor clima laboral y motivan a sus empleados a alcanzar objetivos ambiciosos.

Cómo el Optimismo Impulsa el Éxito Profesional:

Ω Persistencia y Resiliencia: Los optimistas son más propensos a persistir en sus esfuerzos a pesar de los contratiempos, lo que es esencial para el éxito en cualquier carrera.

Ω Apertura a Oportunidades: Una disposición optimista

ayuda a las personas a ver y aprovechar oportunidades que otros podrían pasar por alto, lo que puede llevar a avances significativos en su carrera.

Cultivando el Optimismo

Aunque algunos aspectos del optimismo pueden ser innatos, también es una habilidad que se puede desarrollar y fortalecer con la práctica. Aquí hay algunas estrategias para cultivar una actitud más optimista:

Ω Práctica de la Gratitud: Tómate tiempo cada día para reflexionar sobre lo que agradeces. La gratitud está fuertemente ligada al optimismo.

Ω Reencuadre de Situaciones Negativas: Aprende a ver los desafíos como oportunidades. Intenta identificar al menos una cosa positiva en cada situación difícil.

Ω Rodéate de Influencias Positivas: Las actitudes pueden ser contagiosas, por lo que es importante pasar tiempo con personas que te inspiren y te levanten.

El optimismo es mucho más que un sentimiento pasajero; es una potente herramienta que tiene el poder de transformar todos los aspectos de tu vida. Al adoptar y fomentar una actitud optimista, puedes mejorar tu salud, enriquecer tus relaciones, aumentar tu éxito profesional y vivir una vida más satisfactoria y feliz. Empieza hoy a integrar el optimismo en tu vida diaria y observa cómo se transforman tanto tus interacciones personales como tus logros profesionales.

Salud Mejorada

El optimismo no solo mejora tu estado de ánimo, sino que también tiene efectos beneficiosos sobre tu salud física. Se ha demostrado que reduce el estrés crónico, uno de los principales culpables de numerosos problemas de salud, desde enfermedades cardíacas hasta el deterioro del sistema inmunológico. Esta conexión entre el optimismo y la salud física es más que una simple coincidencia; es el resultado de una serie de reacciones biológicas y psicológicas que benefician directamente al cuerpo.

El Impacto del Optimismo en la Salud Física

El optimismo ayuda a moldear cómo percibimos y reaccionamos ante las situaciones estresantes, lo que tiene un impacto directo en nuestra salud física. Las personas optimistas generalmente experimentan niveles más bajos de inflamación y mejores perfiles de riesgo cardiovascular comparados con sus contrapartes más pesimistas. Esto se debe en parte a cómo manejan el estrés y a su tendencia a adoptar comportamientos más saludables.

Reducción del Estrés Crónico

El estrés crónico es conocido por sus efectos nocivos en el cuerpo, incluyendo el aumento de la presión arterial, la disminución de la función inmunitaria, y el aumento del riesgo de enfermedades cardíacas y otros problemas de salud. El optimismo actúa como un amortiguador contra el estrés, ofreciendo varios mecanismos protectores:

Ω Mejor Manejo del Estrés: Los optimistas tienden a enfrentar los desafíos con estrategias de afrontamiento más efectivas, en lugar de rendirse o utilizar métodos contraproducentes como la negación o la evitación.

Ω Promoción de Conductas Saludables: Las personas optimistas son más propensas a participar en actividades que promueven la salud, como hacer ejercicio regularmente, alimentarse de manera saludable y dormir lo suficiente. Estas actividades no solo reducen el estrés sino que también mejoran la salud general.

Ω Impacto Hormonal y Fisiológico: El optimismo puede influir en los niveles hormonales, reduciendo la producción de cortisol, la "hormona del estrés", y promoviendo un mejor equilibrio hormonal que favorece un sistema inmunológico más fuerte y una mejor recuperación del estrés.

Beneficios Cardíacos del Optimismo

Los estudios han encontrado una correlación significativa entre el optimismo y la salud del corazón. Los optimistas tienen menos probabilidades de desarrollar enfermedades cardíacas y tienen mejores tasas de recuperación después de procedimientos quirúrgicos como bypass coronarios o trasplantes.

Menor Riesgo de Hipertensión: El enfoque positivo en la vida ayuda a mantener la presión arterial baja, reduciendo el riesgo de hipertensión.

Mejor Perfil Lipídico: Los niveles más bajos de colesterol malo (LDL) y niveles más altos de colesterol bueno (HDL) son más comunes en personas con una actitud optimista hacia la vida.

Resiliencia Emocional y Recuperación

El optimismo no solo protege contra el desarrollo de ciertas condiciones, sino que también juega un papel crucial en la recuperación. Aquellos con una perspectiva positiva tienen una mayor resiliencia emocional, lo que les permite recuperarse más rápidamente de las enfermedades y manejar mejor las adversidades.

Cómo Fomentar el Optimismo

Fomentar una actitud optimista puede ser un desafío, especialmente si naturalmente tiendes a ser más pesimista. Sin embargo, hay estrategias que puedes adoptar para desarrollar un enfoque más positivo:

Ω Practica la Gratitud: Concentrarte en lo que tienes en lugar de en lo que te falta puede cambiar significativamente tu perspectiva. Lleva un diario de gratitud o toma tiempo cada día para reflexionar sobre las cosas por las que estás agradecido.

Ω Reformula tus Pensamientos Negativos: Aprende a reconocer y desafiar tus patrones de pensamiento negativo. Reemplaza los pensamientos que drenan tu energía con afirmaciones positivas.

Ω Rodéate de Positividad: El ambiente y las compañías que eliges pueden influir enormemente en tu perspectiva. Rodéate de personas y situaciones que refuercen una visión optimista de la vida.

Conclusión

El optimismo es una herramienta poderosa que puede transformar no solo tu salud mental sino también tu bienestar físico. Adoptar y mantener una actitud positiva puede ayudarte a manejar el estrés de manera más efectiva, mejorar tu salud cardiovascular, y aumentar tu resiliencia general frente a los desafíos de la vida. Al tomar pasos conscientes para ser más optimista, puedes disfrutar de una vida más saludable y satisfactoria.

Resiliencia Aumentada

Cuando eres positivo, tu capacidad para enfrentar desafíos se fortalece. En lugar de desmoronarte bajo presión, un enfoque optimista te permite ver las dificultades como oportunidades de aprendizaje o como problemas solubles, lo que te hace más resiliente y adaptable. Esta actitud no solo mejora tu capacidad para manejar situaciones estresantes, sino que también influye positivamente en tu salud mental y física, tus relaciones y tu desempeño laboral.

El Poder del Pensamiento Positivo

El pensamiento positivo no es ignorar los problemas de la vida; más bien, se trata de abordar las adversidades de una manera más productiva y optimista. Se ha demostrado que tener una actitud positiva ayuda a reducir el estrés, mejorar el bienestar psicológico y físico, y aumentar la longevidad.

Ω Resiliencia Mejorada: Las personas con actitudes positivas tienden a ser más resilientes ante el estrés y las adversidades. Ven los desafíos como oportunidades para crecer y aprender, lo que les permite recuperarse más rápidamente de los contratiempos.

Ω Enfoque en Soluciones: En lugar de quedarse atrapadas en problemas, las personas positivas buscan soluciones. Este enfoque no solo les permite resolver problemas más eficazmente, sino que también incrementa las probabilidades de evitar situaciones estresantes en el futuro.

Ω Mejor Salud Física: El optimismo está vinculado a una mejor salud y una mayor esperanza de vida. Según investigaciones, una disposición positiva puede proteger contra las enfermedades crónicas y ayudar a las personas a manejar mejor las enfermedades existentes.

Aplicación Práctica del Pensamiento Positivo

Para incorporar el pensamiento positivo en tu vida diaria y mejorar tu capacidad para enfrentar desafíos, considera estas estrategias:

Ω Reconocimiento y Reencuadre: Cuando enfrentes una situación difícil, toma un momento para reconocer tus emociones y luego intenta reencuadrar la situación de una manera más positiva. Pregúntate qué puedes aprender de esta experiencia y cómo podría ser una oportunidad disfrazada.

Ω Meditación y Mindfulness: Practica la meditación y la atención plena para ayudarte a centrarte en el presente y reducir la negatividad. Esto puede mejorar tu estado de ánimo y tu capacidad para enfrentar el estrés de manera efectiva.

Ω Establece Metas Positivas: Establece metas que no solo sean alcanzables, sino que también promuevan tu crecimiento personal y profesional. Alcanzar estas metas puede proporcionarte un sentido de logro y un impulso adicional de confianza.

Ω Cuida tu Salud Física: Mantener un estilo de vida saludable, incluyendo una dieta balanceada, ejercicio regular y suficiente descanso, puede mejorar tu bienestar general y tu capacidad para manejar el estrés.

Fomentando la Positividad en los Demás

Tu actitud positiva no solo puede mejorar tu propia vida, sino también influir en aquellos que te rodean:

Liderazgo Positivo: Si estás en una posición de liderazgo, usar un enfoque positivo puede motivar a tu equipo y mejorar el ambiente laboral. Reconoce los logros, proporciona retroalimentación constructiva y fomenta un entorno de apoyo.

Apoyo a Otros: Ofrece apoyo y aliento a amigos y familiares que enfrentan desafíos. Tu actitud positiva puede ayudarles a ver sus situaciones desde una perspectiva más esperanzadora.

Cultiva Relaciones Positivas: Rodéate de personas que también adopten una actitud positiva. Estas relaciones pueden proporcionarte un refuerzo adicional durante los tiempos difíciles y celebrar contigo tus éxitos.

Conclusión

Adoptar un enfoque positivo frente a la vida te equipa mejor para manejar los desafíos, aprovechar las oportunidades de crecimiento y mejorar tu bienestar general. Al fomentar el pensamiento positivo en ti mismo y en otros, puedes construir una vida más satisfactoria y resiliente, mejor preparada para cualquier adversidad que pueda surgir.

Mejor Rendimiento y Satisfacción en el Trabajo

El pensamiento positivo no solo mejora la calidad de vida personal, sino que también puede transformar tu enfoque hacia el trabajo. Los optimistas suelen tener un mayor rendimiento laboral porque se sienten más motivados y menos abrumados en situaciones estresantes. Además, suelen tener una mayor satisfacción laboral, lo que se traduce en una menor rotación y mejor ambiente en el lugar de trabajo. Este impacto del optimismo en el ámbito laboral es profundo y multifacético, afectando todo desde la productividad individual hasta la dinámica del equipo y la cultura corporativa en general.

Impacto del Pensamiento Positivo en el Rendimiento

Laboral

El optimismo influye significativamente en cómo un individuo enfrenta los desafíos y las oportunidades en su carrera. Aquí se detallan varias maneras en que el pensamiento positivo puede mejorar el rendimiento laboral:

Ω Mejora de la Motivación: Los optimistas tienen una predisposición a ver los problemas como temporales y superables, lo que aumenta su motivación para enfrentar desafíos y perseguir metas. Esta actitud positiva se traduce en un mayor esfuerzo y perseverancia, incluso en tareas complejas o prolongadas.

Ω Reducción del Estrés: Las personas con una actitud positiva gestionan mejor el estrés, lo cual es crucial en entornos laborales de alta presión. Son capaces de mantener la calma y la claridad bajo presión, lo que les permite tomar decisiones más acertadas y mantener la productividad.

Ω Mejora de la Resolución de Problemas: El optimismo fomenta un enfoque creativo y abierto para resolver problemas. Los trabajadores optimistas son más propensos a explorar nuevas ideas y buscar soluciones innovadoras, una habilidad altamente valorada en muchos campos profesionales.

Ω Fomento de Relaciones Positivas: Los optimistas suelen ser mejores en la construcción y el mantenimiento de relaciones positivas en el lugar de trabajo. Su enfoque positivo los hace más agradables como compañeros de equipo, y su disposición para ver lo mejor en los demás contribuye a un ambiente de trabajo más armónico y cooperativo.

Satisfacción Laboral y Cultura Corporativa

La influencia del pensamiento positivo se extiende más allá del rendimiento individual y afecta la cultura corporativa en su conjunto:

Ω Mayor Satisfacción Laboral: Los empleados que mantienen una perspectiva optimista suelen reportar niveles más altos de satisfacción laboral. Esta satisfacción no solo mejora su bienestar general, sino que también reduce la rotación laboral, lo que beneficia a la organización en términos de retención de talento y reducción de costos de contratación y capacitación.

Ω Ambiente Laboral Positivo: Un colectivo de empleados optimistas contribuye a crear un ambiente de trabajo más positivo. Esto incluye una mayor colaboración, un apoyo mutuo más fuerte y una menor incidencia de conflictos, lo que facilita el logro de objetivos comunes y mejora la moral del equipo.

Ω Resiliencia Organizacional: Las organizaciones que fomentan una cultura de pensamiento positivo son generalmente más resilientes ante las adversidades, como las crisis económicas o los cambios en el mercado. Esta resiliencia se debe en parte a la capacidad de sus empleados para mantener una perspectiva positiva y adaptarse rápidamente a nuevas realidades.

Fomentando el Optimismo en el Lugar de Trabajo

Para cultivar un entorno laboral optimista, los líderes y gerentes pueden adoptar varias estrategias:

Ω Capacitación en Habilidades de Pensamiento Positivo: Ofrecer talleres y capacitaciones que enseñen a los empleados cómo adoptar un enfoque más positivo y resiliente ante los desafíos.

Ω Reconocimiento y Recompensas: Implementar un sistema de reconocimiento que premie no solo los logros, sino también la capacidad de mantener una actitud positiva y superar desafíos de manera constructiva.

Ω Comunicación Transparente y Positiva: Mantener una comunicación abierta y positiva en toda la organización, asegurando que los empleados se sientan valorados y parte integral del éxito empresarial.

Conclusión

Adoptar el pensamiento positivo en el ámbito laboral ofrece numerosos beneficios, desde mejorar el rendimiento individual y la satisfacción laboral hasta fortalecer la cultura corporativa y la resiliencia organizacional. Al fomentar un ambiente de trabajo optimista, las organizaciones no solo pueden mejorar su eficacia operativa sino también atraer y retener a empleados talentosos y comprometidos. Al final, cultivar el optimismo es una inversión en el capital humano que rinde dividendos tanto en el bienestar de los empleados como en el éxito de la empresa.

Métodos para Fomentar la Positividad

Saber que deberías pensar de manera positiva es una cosa, pero ¿cómo se hace? Aquí tienes algunas estrategias efectivas para ayudarte a cultivar una mentalidad positiva. Estas estrategias no solo te ayudarán a desarrollar un enfoque más optimista hacia la vida, sino que también pueden transformar tu forma de enfrentar desafíos y aprovechar oportunidades.

Estrategias para Cultivar una Mentalidad Positiva

Práctica de la Gratitud: Comienza cada día escribiendo tres cosas por las que estás agradecido. La gratitud te ayuda a centrarte en lo positivo y a minimizar la importancia de los problemas y preocupaciones. Este simple ejercicio puede alterar significativamente tu perspectiva, haciéndote más consciente de los aspectos positivos de tu vida.

Reenmarcar los Pensamientos Negativos: Cuando te enfrentes a pensamientos negativos, haz un esfuerzo consciente por reenmarcarlos de manera positiva. Por ejemplo, si piensas "nunca hago nada bien", podrías reenmarcarlo como "estoy aprendiendo de rnis errores y mejorando cada día". Este cambio de narrativa puede reducir la ansiedad y fomentar un crecimiento continuo.

Rodearte de Influencias Positivas: El entorno juega un papel crucial en la formación de tu mentalidad. Rodearte de personas positivas y motivadoras puede influir significativamente en tu actitud. Evita a aquellos que drenan tu energía y busca compañías que inspiren y alienten tus mejores cualidades.

Meditación y Mindfulness: Dedica tiempo a practicar la meditación o la atención plena. Estas prácticas te ayudan a centrarte en el momento presente y a disminuir los pensamientos negativos o preocupantes sobre el pasado o el futuro. La meditación regular puede mejorar significativamente tu estado de ánimo y reducir los niveles de estrés.

Establece Objetivos Positivos: Fijar metas claras y alcanzables puede proporcionarte un sentido de dirección y un motivo para levantarte cada mañana. Asegúrate de que estos objetivos no solo sean desafiantes, sino que también estén alineados con tus valores y lo que realmente quieres lograr en la vida.

Consumo de Medios Positivos: Sé selectivo con la información y el entretenimiento que consumes. Evita noticias y programas que perpetúan la negatividad y elige aquellos que te inspiran y educan. Leer libros de desarrollo personal o escuchar podcasts motivacionales puede fortalecer tu mentalidad positiva.

1.7. Las afirmaciones son declaraciones positivas que, cuando se pronuncian con frecuencia, pueden empezar a cambiar tu percepción subconsciente de ti mismo y de tus capacidades. Comienza cada día diciéndote afirmaciones como "Soy capaz" o "Puedo manejar lo que viene hoy".

Celebra Pequeñas Victorias: No esperes a lograr grandes hitos para sentirte orgulloso de ti mismo. Celebra las pequeñas victorias diarias, ya que son pasos hacia tus metas más grandes. Reconocer estos logros puede aumentar tu autoestima y motivarte a continuar trabajando hacia tus objetivos.

Implementación Práctica

Implementar estas estrategias requiere consistencia y compromiso. Puedes comenzar eligiendo una o dos técnicas y dedicando tiempo cada día para practicarlas. Por ejemplo, podrías comenzar cada mañana con un diario de gratitud y luego incorporar 10 minutos de meditación antes de dormir. A medida que estas actividades se vuelvan habituales, puedes introducir gradualmente más prácticas.

Conclusión

Cultivar una mentalidad positiva es un viaje continuo que requiere dedicación y práctica. Al adoptar estas estrategias y comprometerte a vivir de manera más consciente y positiva, comenzarás a ver cambios significativos en tu vida. Una mentalidad positiva no solo mejora tu bienestar y tu felicidad, sino que también te empodera para enfrentar cualquier desafío con confianza y optimismo.

Practica la Gratitud

Comienza cada día escribiendo o reflexionando sobre tres cosas por las que estás agradecido. La gratitud te ayuda a reconocer los aspectos positivos de tu vida, lo que puede cambiar tu enfoque de lo que te falta a lo que ya posees. Esta práctica simple pero poderosa puede transformar tu perspectiva diaria, elevando tu estado de ánimo y mejorando tu bienestar general. La gratitud no solo tiene beneficios emocionales y psicológicos significativos, sino que también puede influir positivamente en tu salud física y en tus relaciones interpersonales.

El Poder de la Gratitud

La gratitud es más que simplemente decir "gracias"; es un enfoque consciente hacia la apreciación de las bondades que te rodean. Estudios han mostrado que las personas que practican regularmente la gratitud son más felices, menos deprimidas y menos estresadas. Aquí exploraremos cómo la gratitud puede influir positivamente en diversas áreas de tu vida y cómo puedes incorporarla de manera efectiva en tu rutina diaria.

Beneficios Emocionales y Psicológicos

Mejora del Estado de Ánimo: Reflexionar sobre lo positivo puede ayudarte a cultivar un sentido de felicidad y satisfacción, lo que a menudo resulta en un mejor estado de ánimo a lo largo del día.

Reducción de la Depresión: La gratitud ha demostrado ser un antídoto contra la depresión, ayudando a las personas a ver más allá de sus circunstancias actuales hacia las posibilidades futuras.

Incremento de la Resiliencia: Aquellos que mantienen una práctica de gratitud tienden a tener una mejor habilidad para enfrentar las adversidades, viéndolas como lecciones o simplemente como parte de la vida.

Impacto en la Salud Física

Mejor Sueño: Escribir un diario de gratitud antes de dormir puede mejorar la calidad del sueño, ayudándote a conciliar el sueño más rápidamente y a dormir más profundamente.

Mejor Salud Física: La práctica regular de la gratitud está asociada con una mejor salud física, menos dolencias y un mayor ejercicio físico.

Longevidad Incrementada: Algunos estudios sugieren que un enfoque más agradecido en la vida puede contribuir a una vida más larga y saludable.

Fortalecimiento de Relaciones

Mejores Amistades y Relaciones: La gratitud puede hacer que seas más apreciativo y considerado, lo cual es atractivo en cualquier relación. Las personas agradecidas son vistas como más amables y confiables.

Conexiones Más Profundas: Al expresar gratitud hacia los demás, se fortalecen los lazos emocionales, creando relaciones más profundas y significativas.

Incorporando la Gratitud en tu Vida Diaria

Implementar la gratitud en tu vida diaria es más fácil de lo que piensas. Aquí hay algunas maneras prácticas de hacerlo:

Ω Diario de Gratitud: Dedica unos minutos cada mañana o cada noche para escribir sobre las cosas por las que estás agradecido. Trata de ser específico y piensa en nuevas cosas cada día.

Ω Momentos de Reflexión: Tómate momentos a lo largo del día para reflexionar conscientemente sobre algo positivo que haya ocurrido, no importa cuán pequeño sea.

Ω Expresiones de Agradecimiento: Haz un esfuerzo para agradecer a las personas en tu vida. Un simple "gracias" puede hacer una gran diferencia, tanto para ti como para la otra persona.

Ω Meditaciones de Gratitud: Participa en meditaciones que se centren en la gratitud. Estas pueden ayudarte a cultivar un estado de apreciación y contentamiento.

Conclusión

La gratitud es una herramienta poderosa que puede transformar tu vida de maneras inimaginables. Al comenzar cada día enfocándote en lo que tienes, en lugar de lo que te falta, puedes desarrollar una mayor positividad que permea todos los aspectos de tu vida. No solo mejorará tu bienestar emocional y físico, sino que también enriquecerá tus relaciones y te equipará para enfrentar los desafíos de la vida con un espíritu más fuerte y resiliente. Empezar tu día con gratitud es un pequeño cambio que puede llevar a grandes recompensas.

Rodeate de Influencias Positivas

Tu ambiente y las personas con las que pasas tiempo pueden influir enormemente en tu actitud. Esfuérzate por rodearte de amigos y colegas positivos y que te apoyen, y limita tu exposición a influencias negativas cuando sea posible.

Consume Medios Positivos

Lo que lees, ves y escuchas puede afectar tu estado de ánimo y tu visión del mundo. Elige consumir medios que te inspiren y te eduquen, en lugar de aquellos que perpetúan el miedo o la negatividad.

Fija Metas Realistas

Establecer y alcanzar metas puede darte un gran impulso de positividad. Asegúrate de que tus metas sean desafiantes pero alcanzables y celebra tus logros, sin importar cuán pequeños sean.

Evitando Trampas del Pensamiento Negativo

Mantener una actitud positiva no siempre es fácil, especialmente cuando enfrentas obstáculos o retrocesos. Aquí hay algunos consejos para ayudarte a evitar caer en patrones de pensamiento negativo.

Reconoce y Reetiqueta

Cuando te encuentres pensando negativamente, tómate un momento para reconocer estos pensamientos. Luego, intenta reetiquetarlos de manera más positiva o realista. Por ejemplo, en lugar de decir "nunca hago nada bien", podrías decir "a veces cometo errores, pero siempre aprendo de ellos".

Limita la Rumia

Rumiar, o pensar excesivamente en tus problemas, es una trampa común del pensamiento negativo. Si te encuentras atrapado en un bucle de preocupaciones, intenta distraerte con una actividad que disfrutes o habla sobre tus preocupaciones con alguien en quien confíes para obtener una perspectiva diferente.

Desafía el Catastrofismo

Evita caer en la trampa del catastrofismo, que es cuando imaginas el peor de los casos en cada situación. Cuando notes que estás empezando a catastrofizar, pregúntate cuán probable es realmente ese escenario y qué puedes hacer para evitarlo o gestionarlo si ocurriera.

Cultivar una actitud positiva requiere práctica y paciencia, pero los beneficios valen la pena. Al fomentar el optimismo y evitar las trampas del pensamiento negativo, no solo mejorarás tu calidad de vida, sino que también te equiparás para alcanzar mayores alturas en todas las áreas de tu vida. Recuerda, la positividad es una elección que puedes hacer cada día, y cada pequeño paso positivo te acerca más a una vida más plena y satisfactoria. ¡Vamos a hacer que esos cambios positivos ocurran juntos!

Capítulo 7: Impacto del Pensamiento Negativo y Salud

Bienvenido a un capítulo esencial que podría cambiar no solo cómo piensas, sino también cómo te sientes física y emocionalmente. Hoy, vamos a profundizar en cómo el pensamiento negativo puede afectar tu salud y cómo puedes tomar medidas proactivas para minimizar estos efectos. Si alguna vez te has sentido agotado o enfermo después de periodos de estrés o preocupación, este capítulo te mostrará por qué y cómo puedes mejorar tu bienestar a través de la gestión consciente de tus pensamientos.

Conexiones entre Mente y Cuerpo

La idea de que tu mente puede influir en tu salud física no es nueva, pero en las últimas décadas, la ciencia ha comenzado a entender y aceptar cuán profundamente están interconectadas nuestra salud mental y física. Estudios han demostrado que el estrés crónico, que a menudo es alimentado por el pensamiento negativo, puede llevar a una multitud de problemas de salud, desde dolores de cabeza y problemas digestivos hasta enfermedades cardíacas y alteraciones del sistema inmunológico.

¿Cómo el Pensamiento Negativo Afecta tu Cuerpo?

Sistema Inmunológico: El estrés prolongado puede debilitar tu sistema inmunológico, haciéndote más susceptible a infecciones y enfermedades.

Sistema Cardiovascular: El estrés y la ansiedad pueden aumentar la presión arterial y la frecuencia cardíaca, poniendo más carga en tu corazón.

Salud Digestiva: El estrés puede afectar tu digestión y puede contribuir a condiciones como el síndrome del intestino irritable.

Salud Mental: El pensamiento negativo está fuertemente ligado a mayores tasas de depresión, ansiedad y otros trastornos mentales.

Ejemplo Real

Imagina a alguien que constantemente se preocupa por su trabajo, su salud y sus finanzas. Este estrés no solo lo mantiene despierto por la noche, afectando su capacidad para recuperarse a través del sueño, sino que también podría estar causando o exacerbando problemas físicos como úlceras o hipertensión.

Prevención y Manejo del Pensamiento Negativo

Afortunadamente, hay pasos concretos que puedes tomar para minimizar y gestionar el impacto del pensamiento negativo. Aquí te ofrezco algunas técnicas efectivas que puedes empezar a implementar hoy.

Técnicas de Mindfulness

Mindfulness o atención plena es una práctica que te enseña a estar presente y consciente del momento sin juzgar. Ayuda a romper el ciclo del pensamiento negativo al centrarte en lo que está sucediendo ahora, en lugar de preocuparte por lo que podría suceder en el futuro o lo que ocurrió en el pasado.

Práctica Sugerida: Intenta dedicar al menos cinco minutos cada día a la meditación mindfulness, utilizando aplicaciones o videos guiados para comenzar.

Escritura Reflexiva

Escribir tus pensamientos y preocupaciones puede ayudarte a descargar tus emociones y a ver tus problemas desde una nueva perspectiva. Este hábito puede ayudarte a identificar patrones de pensamiento negativo y a trabajar en estrategias para cambiarlos.

Práctica Sugerida: Mantén un diario donde escribas al menos 10 minutos cada día sobre tus experiencias, sentimientos y cualquier pensamiento negativo que aparezca.

Técnica de Reestructuración Cognitiva

Esta técnica, utilizada en la terapia cognitivo-conductual, implica desafiar y cambiar tus patrones de pensamiento negativo. Aprende a reconocer y cuestionar tus pensamientos automáticos y reemplázalos por otros más equilibrados y racionales.

Práctica Sugerida: Cuando notes un pensamiento negativo, pregúntate: "¿Hay evidencia real para apoyar este pensamiento?

¿Hay una explicación alternativa más positiva?"

Ejercicio Regular

El ejercicio es un poderoso antídoto contra el estrés. No solo libera endorfinas, que mejoran tu estado de ánimo, sino que también puede ayudarte a despejar tu mente de pensamientos negativos.

Práctica Sugerida: Incorpora actividades físicas que disfrutes en tu rutina diaria, como caminar, correr, yoga o ciclismo, al menos 30 minutos la mayoría de los días de la semana.

Manejar el pensamiento negativo y sus efectos en tu salud es un componente crucial para vivir una vida plena y saludable. Al implementar las estrategias que hemos discutido, no solo mejorarás tu salud física y mental, sino que también fortalecerás tu resiliencia frente a los desafíos futuros. Recuerda, cada pequeño paso hacia el pensamiento positivo es un paso hacia una mejor salud y un bienestar más profundo. ¡Estoy emocionado de ver cómo estas herramientas te empoderan para transformar tu vida!

Capítulo 8: Estrategias para Liberar el Potencial

En este emocionante capítulo, vamos a sumergirnos en cómo puedes desbloquear y maximizar tu potencial personal. Imagina que dentro de ti hay una fuente de habilidades, pasiones y capacidades que, una vez liberadas, pueden llevar tu vida a un nivel completamente nuevo de realización y éxito. Hoy, no solo aprenderemos cómo acceder a ese potencial, sino también cómo mantener y expandir esos cambios a lo largo del tiempo. Prepárate para embarcarte en una transformación profunda que te llevará hacia tus sueños más ambiciosos.

Desbloqueo del Potencial

Desbloquear tu potencial no se trata de hacer cambios radicales de la noche a la mañana; más bien, es sobre hacer ajustes pequeños pero significativos en tus comportamientos diarios. Estos cambios atómicos son pequeñas acciones que, cuando se suman, producen resultados revolucionarios.

Identifica tus Fortalezas y Debilidades

El primer paso para desbloquear tu potencial es entender claramente dónde estás parado. Dedica tiempo a reflexionar sobre tus fortalezas y debilidades. ¿Qué cosas te vienen naturalmente? ¿En qué áreas tiendes a luchar más? Comprender esto te ayudará a identificar dónde necesitas enfocarte y qué habilidades puedes aprovechar para facilitar tu crecimiento.

Establece Objetivos Claros y Alcanzables

Una vez que tengas una buena comprensión de tus fortalezas y debilidades, establece objetivos claros y alcanzables que te desafíen a mejorar. Asegúrate de que estos objetivos sean específicos, medibles, alcanzables, relevantes y temporales (SMART). Por ejemplo, en lugar de decir "quiero ser mejor en ventas", podrías decir "quiero aumentar mis ventas en un 20% en los próximos seis meses mediante la formación en técnicas de venta y la práctica diaria".

Adopta la Mentalidad de Crecimiento

El psicólogo Carol Dweck introdujo la idea de las mentalidades "fija" y "de crecimiento". Adoptar una mentalidad de crecimiento es esencial para desbloquear tu potencial. Esto significa creer que tus habilidades pueden desarrollarse a través del esfuerzo y la dedicación. Cada desafío se convierte en una oportunidad para aprender y crecer, no una sentencia de tus capacidades.

Planificación de Acciones

Ahora que tienes tus objetivos y has adoptado la mentalidad adecuada, es hora de crear un plan de acción personalizado que te guíe hacia tus metas.

Desglosa tus Objetivos en Acciones Específicas

El siguiente paso es desglosar cada objetivo en tareas específicas y manejables. Esto puede hacer que los grandes objetivos parezcan menos abrumadores y te ayuda a ver el progreso tangible a medida que completas cada acción.

Crea un Cronograma

Establece plazos realistas para cada acción. El uso de un calendario o una herramienta de planificación puede ayudarte a mantenerte organizado y a cargo. Asegúrate de revisar regularmente tu progreso y ajustar tu cronograma si es necesario para reflejar lo que estás aprendiendo en el camino.

Prioriza Tareas

Aprende a priorizar tus tareas diariamente. Esto te ayudará a enfocarte en las actividades que tienen el mayor impacto en tus metas. Una técnica útil es la regla del 80/20, que sugiere que el 80% de tus resultados proviene del 20% de tus esfuerzos. Identifica y enfócate en ese 20% crucial.

Mantenimiento y Crecimiento Continuo

Desbloquear tu potencial es solo el principio. La clave del éxito a largo plazo es mantener y expandir los cambios que has logrado.

Establece Rutinas de Revisión

Crea rutinas regulares para revisar tus progresos. Esto podría ser semanal, mensual o trimestralmente, dependiendo de tus objetivos. Utiliza estas revisiones para evaluar qué está funcionando, qué no y qué ajustes podrían necesitarse para seguir avanzando.

Celebra tus Éxitos

Es importante celebrar tus logros, no importa cuán pequeños sean. Estas celebraciones pueden reforzar tu motivación y ayudarte a mantener tu impulso. Además, reconocer tus éxitos te recuerda que estás haciendo progresos significativos hacia tus metas más grandes.

Sigue Aprendiendo y Adaptándote

El mundo está en constante cambio, y para continuar creciendo, necesitas seguir aprendiendo y adaptándote. Busca oportunidades para adquirir nuevas habilidades, expandir tu conocimiento y desafiarte a ti mismo en nuevas áreas.

Desbloquear y maximizar tu potencial es un proceso emocionante y transformador. Al comprometerte con un proceso continuo de aprendizaje, planificación y revisión, no solo alcanzarás tus metas actuales, sino que también pondrás las bases para un futuro éxito. Recuerda, cada paso que das es un paso hacia la realización de la increíble capacidad que yace dentro de ti. Estoy aquí para apoyarte en cada paso del camino. ¡Adelante, demuestra de lo que eres capaz!

Conclusión

¡Felicidades! Has llegado al final de este camino transformador, explorando el profundo impacto que los hábitos pueden tener en tu vida. A lo largo de este libro, hemos descubierto juntos que los cambios más pequeños, aplicados consistentemente, pueden tener efectos extraordinarios en tu vida personal y profesional. Cada capítulo te ha equipado con herramientas prácticas y conocimientos profundos diseñados para empoderarte a tomar control de tus acciones y, en última instancia, de tu destino.

Resumen y Reflexión Final

Hemos comenzado entendiendo cómo los sentimientos y pensamientos actúan como lenguajes del cuerpo y del cerebro, afectando profundamente nuestras decisiones y comportamientos diarios. Aprendiste a reconfigurar tu cerebro a través de la neuroplasticidad, a emplear la poderosa herramienta de la visualización para ver y sentir tus metas como si ya fueran una realidad, y a utilizar declaraciones de intenciones para verbalizar y materializar tus aspiraciones.

Además, abordamos cómo romper los malos hábitos y sustituirlos por otros que potencien tu crecimiento, cómo cultivar un pensamiento positivo para mejorar no solo tu estado de ánimo sino tu salud general, y cómo los pensamientos negativos pueden afectar de manera adversa tu bienestar físico y mental. Finalmente, te guiamos a través de estrategias para desbloquear y maximizar tu potencial personal, asegurando que cada paso pequeño contribuye significativamente a grandes resultados.

Llamado a la Acción

Ahora que tienes el conocimiento y las herramientas, el siguiente paso es tuyo. Te invito a comprometerte a empezar tu camino de transformación hoy. No mañana, no la próxima semana, sino ahora. Elige un hábito atómico que te gustaría desarrollar o cambiar, y comienza a aplicar las estrategias que hemos discutido. Puede ser algo tan simple como dedicar cinco minutos cada mañana a la meditación o tan ambicioso como reestructurar tus respuestas emocionales a través de la práctica de mindfulness.

Crea un plan de acción usando las técnicas de este libro y establece metas claras y alcanzables para ti mismo. Y recuerda, la consistencia es clave. No se trata de hacer cambios perfectos, sino de hacer pequeños ajustes regularmente que se sumarán a un cambio significativo.

Mantén un diario de tus progresos y reflexiona sobre cómo cada cambio está afectando tu vida. Celebra tus éxitos, aprende de los desafíos y ajusta tu curso cuando sea necesario. Lo más importante es que continúes avanzando, sin importar los obstáculos que encuentres en el camino.

Conclusión Final

Tienes todo lo necesario para hacer que los hábitos atómicos trabajen a tu favor y transformen tu vida. Recuerda que cada gran camin o comienza con un pequeño paso. Así que, toma ese paso ahora. Estoy emocionado de ver hacia dónde te llevarán tus hábitos atómicos. ¡Comienza tu transformación hoy y desbloquea el increíble potencial que llevas dentro!

Es tu momento de brillar. Vamos a hacer que suceda. ¡Adelante!